新时期嘉定作家群
文学丛书

中国父子

张旻——著

文汇出版社

父亲的全家福（从左到右：大姑、奶奶、父亲、爷爷、小姑）

我的爷爷

父亲摄于解放初　　影响父亲走上革命道路的堂伯父

我的父母

2009年12月我在宁海

2012年冬，伦敦住所，张肖阳

2007除夕。父亲已缺席很多年

新时期嘉定作家群文学丛书序

孙甘露

此次由文汇出版社出版的这套丛书，是在2010年，由上海文化出版社出版的《新时期嘉定作家群——资料卷、作品卷》的基础上，为进一步全面深入地回顾新时期以来嘉定作家的文学创作成就，以作家个人作品或作品集的形式，梳理展示嘉定作家在文学创作上的探索和贡献。同时，也令我们深思嘉定这一具有深厚的历史文化底蕴的古城如何在今日延续文脉，养育了风格如此多样的作家，他们的作品透露出对时代和生活的细致观察，叙事沉着从容，不为喧嚣的潮流所动，而角度和笔触又是迥异多姿。

此次收录文丛的殷慧芬、张旻、楼耀福、龚静、须兰、许佳、戴达、魏滨海、戴臻、陆棣、赖云青、赵春华、陶继明、葛秋栋、王威尔等十五位作家的作品，涉及了小说、散文、儿童文学等诸多领域，作家的年龄和创作经历也伴随着新中国的发展而来，他们的作品既表现了当代中国日常生活的巨大变化，也反映出时代变迁下不同阶层、不同领域的人群的内心生活的细微演化；同时，在不同时期和各自领域文学创作的流变中保持了敏锐的观察和高度的警惕，不为时俗所迷惑，又新意迭出，触动人心。深厚的生活积累和对文学历史的深入研究使这些作品周正、持重、谦逊而意蕴绵长。

　　对这些作家、作品的研读和品鉴，应该更多地着眼于上海文学乃至中国当代文学的视野中，更应该仔细地探寻滋养他们的嘉定的历史、文化、地理的特质和氛围。在某种意义上，特殊的地理位置，也使他们获得了有效的距离和冷静的观察，这种文学上的大城小镇正是孕育史上无数重要作家、催生重要作品的得天独厚的土壤。

　　正如许多专家、学者一再提及的，嘉定作为人文荟萃的名城，产生过钱大昕、陆俨少等著名的学者、艺术家、教育家等，我们深信，随着时间的推移，文丛所收录的嘉定作家的写作，会在历史的眼光中被不断地再发现、再阐发，也为后来者接续传统树立有益的典范。

2019 年 5 月 19 日

目录

001	1 涂鸦中出现人名
010	2 巨蟒游过草丛
020	3 小人国
030	4 经典烙印
039	5 弟弟的乳名
050	6 脸上的疤痕
059	7 "狭路相逢勇者胜"
069	8 成长地
089	9 工宣队输了
099	10 有没有放下去的手
109	11 陌生的面孔：压抑与自我
122	12 时代话题
136	13 最浪漫的事
146	14 边缘状态
154	15 为什么不能要求孩子洗碗
165	16 孩子的错比天大
181	17 "你来自哪里？"
190	18 成人的世界
213	19 后半生
229	后记
233	为新版《中国父子》写的几句话

　　　　附录
235	我的安师，我的同事
266	张旻年表

1 涂鸦中出现人名

去年我读到英国作家乔治·奥威尔写于上世纪40年代的自述体散文《如此欢乐童年》时，脑子里一下冒出了我酝酿中要写的这本书的书名。奥威尔在那篇文章里记述了他学童时代在寄宿学校的一段经历，给我的印象，那是他记忆里的噩梦，影响到他后来对人生和世界的看法。虽然奥威尔写的是上世纪初英国的学校，但我感觉不陌生，许多细节引起我内心的共鸣。奥威尔只是写了自己做学生的一段经历，而我还由此想到了我们这辈人做父亲后和孩子的关系。20世纪中国社会的巨变决定了我们这辈人，在为人子和为人父的角色上的困惑和尴尬。

我生于1959年，出生地是上海南市区，出生后不久因父亲"下放"举家迁到郊县嘉定。我父亲是山东威海人，离休干部。一般称解放后上海的山东籍干部为"南下干部"。我小时候嘉定的干部，从县委书记、县长到各乡镇、机关单位的主要领导，多半来自山东，在我们家所在的为机关干部建造的六一新村里，户主为山东人居多。一直以来我也默认父亲"南下干部"的身份，但实际上父亲的情况特殊。父亲出身于小商人家庭（家庭成分曾被划为"资本家"），父辈在威海开布店。山东解放前夕，父亲在烟台念高中，我爷爷因为对共产党不了解，更被国民党散布的关于解放军的谣言吓倒，于是将父亲送到上海去继续学业。没想到父亲在上海接触到地下党，并入了党。

我曾听父亲说，其实他对共产党早有所知，他的一位堂兄好多年前已投奔八路军。父亲的这位堂兄，虽只年长一岁，但父亲一生对他充满崇敬，并将这种崇敬的态度传染给了他的两个儿子。我本人直到1988年，二十九岁那年，才在西安解放军政治学院军职干部家属区见到了已离休在家的堂伯父（山东叫大爷）。不太爱说话的父亲，讲起这位堂兄来如数家珍。父亲讲得最多的是他堂兄从小个性的刚烈和思想的叛逆，如他还是个孩子时，就敢当面将他父亲的鸦片枪折断，十四五岁时就离家投奔革命去了；皖南事变后，他坐过国民党的老虎凳，逃跑后回家待了没几天又出去找部队。当地有个汉奸，常拿这事来我爷爷兄弟俩的布店里敲诈。我父亲在店里见过这一幕：那汉奸身穿黑绸衫，嘴上叼着烟卷，屁股后挂着二十响盒子炮，阴阳怪气地故意问我父亲的大伯：儿子最近有信来吗？老兄弟俩立刻好烟好酒伺候他，临走还往他兜里塞钱。解放后这汉奸被人民政府镇压了。

也许正因为我堂伯父觉得此生未能在双亲大人面前尽孝，年轻时还特别让他们担惊受怕，因此在他父亲去世时，他回老家操办了隆重的丧事，他自己也按旧俗披麻戴孝。这是堂伯父解放后第一次回老家，结果因为在丧事中"搞封建迷信活动"受到部队处分，从此再没回去过。

我认为我父亲被我爷爷送到上海来"避难"，却在上海秘密加入地下党，堂兄对他的影响是一个重要因素。记得曾听父亲讲，上海刚解放时，他堂兄来沪出差，父亲迫不及待地去部队住处看他，兄弟俩久别重逢，父亲对他景仰的堂兄说的第一句话是：

"哥，我也入党了！"

但1988年我在西安见到堂伯父时，我发现他似乎对父亲四十年前在上海秘密加入共产党仍颇感惊奇。他对我说，你爸爸小时候人很聪明，读书特别好，但胆子比较小，没想到他敢加入地下党。

我也曾在一些报刊书籍上看到，上海解放前夕白色恐怖笼罩，毛人凤曾下令将抓到的共产党人扎在麻袋里扔进黄浦江。父亲家境较好，在那种情况下自愿投身革命，定有超人的胆识。

我所了解的父亲，的确一生谨慎，工作上似乎少有魄力。我看到更多的是他的忍耐。"文革"中被揪斗，他老老实实地挂着打倒他的大牌子站在台上。他被"解放"后不久，我母亲又因"特务"问题遭"隔离审查"。母亲出身贫苦，外公在她七岁时就病亡了，外婆不堪生活重负，将她送进了教养院，1947年母亲十九岁时进了上海天一布厂做工，解放初因表现突出被选拔进人民法院工作，1952年入党。揭发她的人在刑讯逼供下疯了，竟然诬告我母亲是国民党潜伏特务某组的组长。这样重大的恶性事件，父亲理应相信不可能在母亲身上发生，但他还是相信组织，亲赴母亲囚房做思想工作，致使母亲一度自我怀疑，精神恍惚。

我很少看到父亲发泄情绪，在家时，他经常一个人坐在窗前的小方桌旁，研究棋谱，摆残局。有时戴着老花镜，边看报，边在报纸边沿空白处写字。家里张张报纸上都有他的字迹，内容多半是抄报上的。父亲在生命的最后几年，经常这样长时间枯坐窗前，报上涂鸦的字中开始出现许多人名。后来父亲甚至专门用一本黑面抄工工整整记下这些人名。父亲不知为什么在生命的最后几年开始搜肠刮肚地想他一生中接触过的许多人的姓名,结果一本黑面抄写不下了,人名越想越多,每一个接触过的人都可能在父亲的记忆里出现,并带出相关的更多的人。好些名字令父亲长时间搜肠刮肚,寝食不安。母亲也不得不帮他回忆,甚至没办法还要惊扰他人。父亲自己还曾为一个无法想起的人名编了个堂而皇之的理由,写信向那位同志后来担任过副县长的某县地志办询问,得到回复后,那种如释重负,令家人都透一口气。

从研究棋谱残局,到回忆同志姓名,好多年来父亲经常这样在窗前一坐几小时。小时候我并不关心父亲的精神状态,未成年时我就离开了家,开始独立生活,和父母亲也不常见面。我现在想,且将编制一生交往的同志姓名录视作晚年父亲的另一项爱好吧。要不是父亲一生有此两大爱好,我真是难以想象他在家里能干什么。父亲晚年生活中的一个高潮,就是在家里迎接"公检法"("文革"期间合并办公的公安局、检察院、法院的简称)几大象棋高手的联合挑战,大获全胜。爱好对父亲来说是消遣、消磨和消耗。父亲在家时多数时间话很少,他和母亲一直都很注意在孩子面前不谈国家和单位的事,有时他们需要交流一些事,则不仅避开我们,而且还关上门窗,放低声音。母亲现在和我说话时仍常下意识地提醒我:轻些!并且眼睛不由自主地朝窗户瞥去。正如父亲将时间消耗于爱好,母亲在家时则为家务忙个不停,嗜洁成癖,家里处处窗明几净,纤尘不染。

父亲去世后,我听到人家对他的评价都是"脾气好""没架子""正直""爱学习"等。在某些"大老粗"干部眼里,上过高中的父亲还是"知识分子"。

母亲则常说父亲个性比较"懦弱"。

不久前母亲被摩托车撞了一下，胸骨骨折，住进了区中心医院老干部病房。在肇事者带她做各项身体检查时，母亲竟不安地小声对我嘀咕："这下让他花了好多钱。"当医生建议母亲住院观察时，母亲嘱咐我们放肇事者回家，不要再"为难人家"。

也许母亲的这种态度会让现在许多人惊叹或觉得不可理喻，但对生长在这个家庭里的晚辈来说很平常。我父母这一代干部，对这个社会来说早已遥远和陌生，行将消亡，将来还会不会有人了解，他们这一辈干部，从整体来说，大概是中国历史上出现过的最纯洁、善良、骄傲的官员。"文革"期间母亲被"隔离审查"时，曾有一个农村妇女上门来找母亲，她为母亲过去曾帮她主持公道打赢了官司，专程带了一些农副产品及一包什锦糖进城来答谢母亲。当时父亲也"下放"在乡下，家里只有我们兄弟俩，但虽然大人不在，我们兄弟俩，一个十岁，一个九岁，坚持没让那农妇留下东西，包括什锦糖。上世纪80年代初母亲任嘉定法院党组成员、民庭庭长时，曾受理过我大学同学的一个民事案件，事后那同学用自行车驮了几个自己家里种的西瓜，骑了几十里路到我家来，但被母亲拦在门外。我送同学离开时，实在过意不去，和他一块蹲在路边小树林里吃掉了一个西瓜。

这次母亲住进了老干部病房，我在那里一下子见到了许多过去"六一新村"的老干部，他们到这儿集中来了。好多年没见到这些叔叔伯伯阿姨，变化实在太大。他们大都认不出我了，但说起我父亲记忆犹新，有两个和父亲共过事的离休干部，他们都对我说：

"你父亲真是个好人啊。"

"可惜没有好命。"我脱口而出，心里真这么想。

我只见过一次父亲大光其火。有一年过年，父亲带我们去市区小姑家，车上有两个小流氓没买票，却还气势汹汹地反诬售票员收了钱没给票，手指戳到售票员鼻子上，叫骂着要把她拉到车下去给点颜色。车上的乘客都怕他们，不吭声。这时父亲突然开腔。

"妈了个屄，"父亲"鲁骂"出口，"无法无天了，不买票，还敢打售票员同志？车上的人都看到你们没买票，都可以做证，你们还敢打一车的人？要打架，好啊，我们都不下车，请师傅把车开到终点站，看看你们有多大的本事与人民为敌。"

我当时吓坏了，都不敢看两个小流氓的反应，心里替父亲捏了一把汗。当然现在我明白，和当年父亲在上海加入地下党相比，他对两个小流氓的呵斥根本是小菜一碟。父亲虽然被他的许多同志视为"知识分子"，被母亲评价"个性懦弱"，但他本质上始终是一个山东汉子。

上文提到我爷爷在山东解放前夕将我父亲送到上海"避难"，结果发生了意想不到的事。其实，我爷爷解放后也很"革命"。上世纪50年代中期，爷爷即响应政府号召，举家从威海城里下放到一个叫戚家夼的山村务农。听我母亲讲，山东土改时爷爷已将他在原籍张家宅的全部土地十四亩及瓦房十间无条件交给村里归公，当时爷爷的成分被定为中农。但1961年，在爷爷本人不知晓的情况下他的成分被改为"资本家"，随即当地政府安排爷爷以"民族资产阶级开明人士"的身份参加威海市人民代表大会。爷爷知道自己的成分被改后,他怕这个问题影响儿子的前程,曾向有关方面提出异议,对方向他说明了情况,并告诉他,经了解核实,他在解放前三年内拥有两千银元以上家庭资产,符合上"资本家"成分的条件。平心而论,爷爷这次成分被提高,对他本人不是一件坏事,从此他的政治地位得到了提高,二十年荣誉加身,当地政府抬举他,群众也没有为难他。1961年爷爷首次被选为威海市人大代表,1966年他再次当选,1976年后,他连续两届当选市人大代表,同时还担任了威海市政协委员。要不是1980年母亲将他老人家接来上海和我们一起生活,七十多岁的爷爷还不会从威海的政治舞台上销声匿迹。

当然爷爷受到优待和他自身要求进步分不开。

近日我在母亲保存的资料里看到了爷爷1968年写给他们的一封信(小时候我曾读过爷爷的一些家信,印象中爷爷的字写得大而漂亮,有章法,每封家信都以"利宝、增贤"开头,将我母亲的名字排在前面),这封信证实了母亲以前对我所说"你爷爷本是中农成分"的话。不过我更感兴趣的是信中另外两段话。一段话爷爷醒目地加在信纸顶端空白处,对父亲说的:

"我从1955年参加农业合作社,至今没出毛病。增贤非劳动人民出身,望在这次'文化大革命'运动中,狠狠触及灵魂,加强改造。"

另一段是:"'文化大革命'运动中红卫兵小将没有抄我的家,被抄家的都是那些牛鬼蛇神与地富反坏右分子,我从来都和贫下中农、革命干部结合得很好。"

这两段话显示了爷爷是多么真诚地要求进步，多么为自己在改造中取得的成绩自豪。一方面，爷爷承认自己的儿子"非劳动人民出身"，另一方面又将自己与牛鬼蛇神和地富反坏右坚决地划清了界限。

爷爷特别提到"'文化大革命'中红卫兵小将没有抄我的家"，我读这段话时，猛然想起2002年奶奶过世后，曾听洛阳的大姑妈透露：早在上世纪50年代，爷爷已偷偷将家里剩下的几件皮毛衣服塞进灶膛里烧掉了。大姑妈悲咽着说，现在二老都过世了，形势也变了，这件事说出来心里好受些。

原来爷爷是早就担着被"抄家"这份心的。

1979年暑假，我独自去了一趟威海，那是我第一次，也是迄今唯一一次回老家。我在戚家夼找到了爷爷奶奶的家，在那儿住了几天。那是一间朝西的厢房，被分隔成一大一小两间，小间做卧室，大间是灶间兼仓库。房子旧且破，方向朝西，冬不避风夏不遮阳。爷爷奶奶从1955年起租住在这儿。屋里有两口旧橱和几只皮箱，从这几件东西上还可以看出一点主人昔日的气象。如今旧橱和皮箱保存在我家里，作为"老家具"它们并不值钱，但恰好被我视为"无价之宝"。

在戚家夼的几天，看到爷爷奶奶住在向队里租来的小破屋里，过着我难以想象的艰苦、节俭的生活，我不禁想到他们曾无偿交公的瓦房和田地，心里多少有点为他们鸣不平。可是我在两位老人身上完全没有看到抱怨，或对昔日所谓"荣华富贵"的怀念。当我好奇地问起他们过去家里有些什么好东西时，他们不是说"交公了"，就是说"扔了"，如弃敝屣的态度里透露出的与其说是对财富的淡泊，不如说是厌恶和恐惧。同时，另一方面，爷爷奶奶在日常生活中对自己极尽节俭、克扣之能事，从必需的开销中把钱一分一分省下存起来，三十年来他们又细水长流地从自己的劳动所得和我父母按月寄给他们的生活费中偷偷积攒下一笔钱。我只能这么想，在老人眼里，这笔钱和过去攒的钱大不相同吧！

2 巨蟒游过草丛

　　父亲在我人生的最初记忆中是空缺的,那时候他很少在家,我也常被送到浙江海宁的外婆家寄养,满三周岁后上寄宿制托儿所、幼儿园。父亲在我出生前一年(1958)就在干部"下放"潮中到了嘉定,有近十年时间,父亲一直在农村"蹲点",南翔、封浜、朱桥,和农民同吃同住,过着艰苦的生活。"文革"初期他被打倒,然后被派到偏远的望新"五七"窑厂。1970年才进城工作,但随后又去徐行"蹲点"。长期的下放生活和大量吸烟,严重影响了父亲的健康,1984年,五十八岁的父亲申请提前离休,仅八年后的年三十凌晨,父亲因病去世。

　　我对父亲最早的记忆,是从"五七"窑厂开始,那时我已上小学。至少八岁前,我的记忆中没有父亲的内容,这真是令人难以置信。不过那段时间,我自己也很少在家。直到上了小学,我才基本结束了寄宿生活。

　　印象中,我几乎从生下来起就过着漂泊的寄宿生活,除了去海宁外婆家、上托儿所和幼儿园,有时还被送到亲戚家或妈妈的同事家小住。上小学后,我和弟弟有一个阶段还先后借住在州桥法华塔下的两户人家里。记忆中,其中一户的驼背女主人真是个恶妇,除了她的丈夫常受她的虐待,我们兄弟俩在她家日子也不好过。记得有个礼拜天,老太婆带她女儿出门去走亲戚,中午老头子在家做了一碗红烧带鱼，招呼我们兄弟俩一块吃了饭。晚上老太婆回家，眼睛一下子就盯住剩下的半碗带鱼，又惊又怒地叫道："早晨我买的一条带鱼就剩这么一点点了？"然后她冲着老头子骂个不停："老的也这么贪吃，像前世没有吃过。""我不是舍不得一条带鱼，我怕你们一顿吃这么多，不消化，噎死！"

我和弟弟吓得躲在屋子里，晚饭也没敢出来吃。

当时我们兄弟俩和老太婆母女俩同住一个小屋，最难受的是不敢起夜小便，因为老太婆会骂。一天夜里，我憋不住，尿床了。我不敢对老太婆说，早晨起来悄悄将被子压住尿渍，没换裤子就上学去了。放学回来，刚进院门，老太婆正等着我，站在院子中央，看到我就叫起来：

"小赤佬，尿床为什么不说啊？棉胎都湿透了，不拿出来晒晒，到黄梅天要发霉的。还穿着湿裤子去上学，你自己不觉得难受，我倒担心你着凉生病！"

那个墙院里住着七八户人家，老太婆这么一嚷，好些人都跑出来看我。那条棉胎已被老太婆抱出来晾在院子里，上面一大片"地图"，和我一块示众。

她女儿可是个好人，模样端正，心地善良。

但寄宿生活对我来说可谓与生俱来，其实没有多少不适应。拿当年的幼儿园来说吧，虽然用今天的眼光去评价，必能指出其中许多违背童心的规定和做法，如定时大小便，公布尿床孩子的名字，上课必须端坐不动，对犯错的孩子关禁闭或不给吃饭，有的老师喜欢揪孩子的耳朵和用铜铃敲孩子的脑壳，等等，但这些惩戒并非专门针对某个人，因此对当时的孩子来说习以为常。我从小不听话，受老师的惩罚肯定不少，但这些具体的事多半忘了，我也没有因此记恨过哪个老师。其实，所有的孩子都一样，儿时的记忆，往往非常个性化，有共同的过去，未必有共同的回忆。提起幼儿园，在我脑海中浮现的常常是一个姓赵的老师，她的本名我忘了，只记得有一回，我们许多小朋友在草地上坐在她身边，她遥望天上的月亮对我们说，她要给自己改个名，就叫赵圆圆。说不出什么理由，三年幼儿园生活，就数"赵圆圆"这一幕给我的印象最深。当时在场的小朋友，现在恐怕没人会认同我的这一说法，甚至可能其他人都不记得这件事，以致我上述的描述，像是一种虚构。

我脑海里还常出现一个叫大庆的男孩，他好像是我在幼儿园期间和我关系最亲密的伙伴。细想起来，其实这种亲密的关系似乎只发生在某一个晚上。记得是在晚饭后，我和他没有按时回房间，两人躲到幼儿园厨房前面的一片矮树林里。他心里有一个很大的委屈，对我说了，好像和他父母有关，边说边抽泣。他的眼泪和诉说当时非常打动我，但真正打动我的是我生命中第一次对友情和信任的体验。当大庆说他想回家时，我毅然决然陪他一块逃出了幼儿园。后来我们俩在"人民大礼堂"门前被老师找到。

大庆现在是区人民法院副院长。自离开幼儿园后，我和他至少有二十年没见，后来偶尔能因公事碰面。他现在看上去是个非常职业化的人，严谨而和气。上一次碰面时，他对我说，什么时候联络过去幼儿园的老同学们聚一下，他来做东。我不清楚提到幼儿园，他会想到什么，但可以肯定，我不是他对幼儿园最重要的回忆。

一次有人告诉我说，他正巧碰到我过去的一个同学，人家对我印象非常深刻，说我当年在幼儿园是班里的"大王"。哈，对这位同学和他所描述的"大王"，我却颇感陌生。

关于幼儿园另一个标志性的个人记忆，是发生在夏夜里的一幕。那晚我们班小朋友在屋外走廊上乘凉，许多人都在椅子上站了起来，一个个踮起脚，旋转身体——我们透过一扇发光的窗户，看到一位老师独自在浴室里洗澡。事后男孩子们都被班主任叫到教室里站着，一个一个被问"你看了没有"。记得别人都摇头，只有我低头不语。那洗澡的老师也来了，不高兴地说：

"你们为什么要偷看老师洗澡啊？老师没有带你们一起洗过澡吗？再说你们没有看到过你们的妈妈洗澡吗？"

我忘了那晚老师有没有揪我耳朵或用铜铃敲我脑壳。如前所述，这算是幼儿园的家常便饭，对这样的事，记忆总是容易忽略。

不要说老师经常用铜铃教训我们，即使是带过我很久的外婆，有一次也将我摁在条凳上，用柴禾打我屁股。对这事我自己也并无印象，是在长大后听母亲讲的。母亲还常说，小时候每次要领你回来，你都哭得死去活来，"外婆外婆"叫个不停，赖着不走。

和外婆在一起的日子，我记忆最深的是有一次目睹她在家门口，被我舅妈抽耳光。但相隔四十年后，我在海宁再次见到舅妈时，在她身上完全找不到过去的影子。回想旧事，恍若隔世。也许我准备对舅妈怒目而视，但事实上我面向她的是一张笑脸。"舅妈。"我亲热地叫道。

记忆中的童年有点忧郁色彩,有点暧昧和神秘,也充满一些浪漫、热忱、欢乐的画面。尤其当目睹现在的孩子的幼儿园生活,我更说不出对当年的幼儿园的坏话。印象中,我们的幼儿园里几乎没有玩具,操场上只有一艘笨拙的吊船,它曾撞断过我们班一个小朋友的腿。但我们也有自己的游戏和绝活儿。一次母亲带我去她单位,在她和一位阿姨谈话间,我用报纸折出了满满一桌各式各样的纸工玩意儿,令那位阿姨赞不绝口。那时候,我们不必接受现在的"学前教育",不必像小学生那样上课做题。孩子们的"学龄"事实上被提前到三周岁,义务制教育资源缩水,地方上声誉越好的义务制公办学校,越容易被改制为"贵族学校",等等,这些都是发生在我们的后辈身上的事。

现在的幼儿园,还会有"赵圆圆"那样给孩子特殊记忆的老师吗?赵老师本人后来似乎也真成了个越来越"不靠谱"的人,离过四次婚,始终把自己打扮成姑娘状。

母亲经常出现在这段记忆中,父亲却似乎在我的人生之初完全缺席,直到他在寒暑假带我们去"五七"窑厂。父亲几乎是一步跨入我的生活,从此,在对我的精神影响方面,超过了母亲。

"五七"窑厂原来叫蓬冈窑厂,是根据毛主席的"五七"指示改名的,也叫"五七干校"。原是市属单位,"文革"发生后不久停产,后来有关部门将它划给县里。父亲当时刚获"解放",被派去接管它,担任"召集人"。父亲的第一项工作是恢复窑厂生产,但窑厂在停产那几年,厂里的东西几乎都被附近的农民取走了,因此窑厂在父亲手里只是象征性地开了工。一批又一批的干部来窑厂接受"劳动改造"。同时窑厂还来了一批中学毕业待分配的年轻人，其中有一个是嘉定"红团"的团长，人称"汤司令"，另一个姓陈的青年后来成为嘉定最出名的侦探，并当上公安局副局长。他们是我最早近距离接触的大朋友，印象颇深。

我已经不记得去过窑厂多少次，但可以肯定在寒假和暑假都去过，记忆里有打雪仗和坐在大木桶里摘老菱的情景。窑厂当时的位置非常偏僻，公交车不通，下车后得走五十分钟土路，碰到下雨天这段路泥泞难走。窑厂的生活条件相当艰苦，附近只有一片小杂货店，更没什么可玩的，而且只有我一个孩子（父亲一般不带我们兄弟俩一块去）。但我那时为什么对它那么向往呢？一放假就盼着要去。回想在窑厂的日子，我注意到所有深刻的记忆几乎只和我的眼睛和耳朵有关，关于自身活动的印象不多。我至今仍能感受到那个世界里独有的欢乐气息，虽然我没有玩伴，无所事事，但兴致勃勃。那是我最初接触到父亲的大人世界。由于父亲的缘故，我在那个世界里备受宠爱。

"五七"窑厂几乎与世隔绝，小而和睦。窑厂工作人员不多，都住在厂部宿舍。窑厂厂部就是几栋平房，办公室、食堂、大礼堂也在一块。四周都是过去码砖的空地，多半已长了野草。我虽是孩子，但在那个年代我们对父母的身份、职务都很敏感，我已能理解"召集人"的含意，这令我对窑厂的一草一木都倍感好奇和亲切。

从那时起，我开始了解父亲。人家一般都说我父亲不怎么爱说话，但在我的印象中，从小父亲就很爱和我说话。与众多父亲不同的是，即使在我们兄弟俩不懂事的年纪，父亲不仅很少责骂我们，而且几乎从不用教训的口吻和我们谈话。在"五七"窑厂时，父亲经常对我讲他身边的人的故事。可以说，那是第一次有大人引导我观察这个方面。父亲常常讲得很透彻，对他所了解的情况和他自己的想法，很少保留，好像忘了我还是个八九岁的孩子。父亲的讲述生动，词汇丰富，甚至使用一些嘉定方言。聪明好学的父亲，在嘉定那一辈的山东干部中，恐怕是口语本地化程度最高的一位。值得一提的是，父亲的讲述中还总是表现出一种温和、同情、平等待人的态度，他特别爱对我讲他身边一些普通人的故事。那之前我还从没在乡下住过，对农民很陌生，但父亲在乡下悠游自在，对农民态度亲热，对农村的生活非常了解，对农活儿如数家珍。父亲自己并非生于农村，家庭成分有点高，当了共产党的一名基层干部后，和农民完全打成一片了，这可谓是"思想改造"的成果。不过我相信，父亲的谦卑温厚，首先是他天性里的一个要素，是他一生为人的基调。我也相信，我八九岁时父亲和我之间的谈话，是普通父子间少有的。我非常享受这种和父亲之间的平等关系，这是我后来一直引以为荣的。

那个时期有许多嘉定的大人物去"五七"窑厂劳动和学习过，不过给我印象最深的是两个普通人。一个是厂部的炊事员，印象中，他有一张农村青年中少见的白净清瘦的脸，举止谨慎，待人和气。有一次，他回了一趟老家，出来时穿了一身新衣服、一双新布鞋，见到我父亲等人有点不好意思。他这是回家去相亲。他似乎已经相过好多次亲了，但都没成。那年他二十七岁，在农村算是大龄青年了。听父亲说，他的爸爸有一点历史问题，当时正在受审查。按常理父亲从他的前任手里接管窑厂时，像他这样有家庭问题的临时工可以辞退，但父亲留用了他。我第一次去窑厂时他在,那个寒假下了一场大雪,他在食堂门前的空地上带我玩雪。我还吃过他从家里带来的猪油松糕,那么好吃的糕一辈子都忘不了。我第二次去时,他已经不在了,父亲告诉我,他爸爸上吊了。这在当时叫"自绝于人民"。他回家去收尸,没再回来。

另一个人是厂部旁小杂货店的售货员。这是一个老头,一个人看店,吃住在店里。父亲爱喝个小酒,常去店里打二两土烧,买一包椒盐蚕豆,我在时便派我去办这事。父亲对这个老头的描述,常令我发笑。这老头出身很好,还是"五保户"(指符合《农村五保供养工作条例》的受照顾对象。五保:保吃、保穿、保医、保住、保葬或保教)。我记不清他的儿子是在朝鲜战场还是越南战场牺牲的,大队照顾他让他看店。但这老头有点不正经,经常在店里的食品和秤砣上做手脚,白酒里掺水、缺斤短两是家常便饭。父亲私下里对我说了这事,以后父亲每回喝下第一口酒,都会咂巴一下嘴巴,告诉我这酒掺没掺过水,掺了几成水。父亲的语气并不愤怒,只是脸上带一点讥笑,他告诉我,这老头掺水有水平,不是行家喝不出。父亲笑道:

"老头门槛忒精了,所以得了'大卵泡病'"。

在父亲生前,母亲常责备他和儿子说话不正经,这便是一例。

我搞清楚什么是"大卵泡病"(疝气)后,乐得不行。老头的这个形象后来一直令我想起就要发笑。

炊事员和小店老头,在我心目中一悲一喜。随着年龄的增长和人生阅历的丰富,他俩成为我记忆里最早的一个悲剧人物和一个喜剧人物。这正是父亲给我的启蒙。

"文革"期间成为人们生活中家常便饭的"批斗会",我最早也是在窑厂目睹的。那时厂部的大礼堂经常被公社和大队借去开批斗会,父亲不许我们小孩子去看,但有一回我偷偷溜了进去。那天集中批斗一批地主富农,最后矛头指向一对地主夫妇,他们被要求交出"变天账"。由于他们否认有"变天账",交不出来,老地主被扒光了上身,有人用带铜扣的皮带抽他,空气中刹那间充满了血腥味。回想这骇人的一幕,也许我应该说自己当时浑身发抖,非常害怕,内心同情那对地主夫妇。实际情况是我对打人有点害怕,但对那对地主夫妇几乎没有同情。当那些头戴高帽子、脖子上挂着"打倒"大牌子、姓名被打"×"的"牛鬼蛇神"被公社社员押上台时,他们在一个无知的孩子眼里已是一个个可怕的怪物。这样的怪物被鞭打,乃至消灭,对这个孩子来说也是"大快人心事"。

一次父亲从窑厂回来,给我们讲了一件骇人听闻的事:窑厂里出现了一条大蟒蛇,一夜间吃掉了窑厂养鸡场几十只鸡,没被吃掉的鸡也死了很多。怎么知道鸡是被蟒蛇吃掉的呢?父亲告诉我们,在鸡大批失踪和死亡的次晚,他带了两个人在养鸡场守夜,结果那两人睡着了,父亲却看到了一条巨大的蟒蛇,少说有十五米长,身如木桶,目如灯泡,在养鸡场前面的草丛里游过。据父亲观察,由于前晚吃得太饱,这次蟒蛇只是在养鸡场外稍作逗留,似乎放不下里面的美食,却实在没胃口享受。

"蟒蛇没发现你吗?"我惊骇地问。

"没有,我们隐蔽得很好。"

父亲的描述令我毛骨悚然。有好多年我对此事深信不疑，并对许多人讲过这个故事。但后来我开始有点怀疑它的真实性。有一次，我在动物园里见到了蟒蛇，它和父亲故事里的庞然怪物相去甚远。我从资料中查知，蟒蛇属于树栖性或水域性蛇类，生活在热带雨林和亚热带潮湿森林中，喜暖畏冷，无毒，我国的蟒蛇体长最长可达五至七米，世界上最长的蟒蛇为十米。据此，父亲所说的那条巨蟒从何而来？它又怎么可能一夜间吞食几十只鸡？现场的大量死鸡又是怎么回事？（父亲说是被蟒蛇哈出的毒气熏死的。）

当我后来看了灾难片《巨蟒之灾》《寻找血兰》后，我又想，也许父亲所言不虚，只不过那是他在自己的噩梦中所见的景象吧。

父亲的噩梦，我只能猜测而已。

在母亲被"隔离审查"后的那年寒假，父亲带我和弟弟一起去窑厂。那是我们最后一次去那儿。一天，我们兄弟俩差点被父亲扔在雪地里，原因是我们在公社召开的一个重要的报告会会场里"大闹天宫"。那天父亲本是不放心把我们单独留在窑厂，结果他深为自己把我们带到会场后悔莫及。那是我记忆中父亲第一次对我们大光其火，当然当时我们很难理解父亲的心情。从公社回窑厂必须步行很长一段路，大部分是田埂小道，且头天晚上下了一场大雪。父亲决定丢下我们，不再带我们回窑厂，幸亏窑厂一位姓夏的叔叔给了我们帮助。

3 小人国

那年（1969）我十岁，元旦刚过，一天，父亲从窑厂回来，神情严肃地和我谈了一次话。父亲告诉我，有人揭发我母亲是国民党"特务"，组织上已成立专案组，开始对母亲的问题进行审查，在审查期间母亲不能回家。

父亲说，作为家属，我们应该相信组织，相信党。"我们当然希望审查的结果证明你妈妈是清白无辜的，但我们也要作好最坏的思想准备。"

母亲已有一段时间住宿在镇东的一所学校里。"文革"期间政法系统的人员曾被分为"大班"和"小班"，分在"小班"的人留在单位从事本职工作，分在"大班"的人则直接投入"文革"。当时那所学校驻扎了一个"营"的"大班"人员，其中设有各种专案组，同时校内也设立了一些"隔离室"。母亲作为嘉定知名法官也被分在"大班"。她出事后，先是被就地送进"隔离室"，由原来的同事审查她，不久问题升级，被送往市区。我曾去那所学校给母亲送过衣物，门口有士兵站岗，他们让我把东西留在警卫室。

在父亲和我谈话的第二天，住在我家楼下的同学陈向东问我："你妈妈是特务？"

"你听谁说的？"我惊问。

"我妈。"

陈向东的妈妈是县委机要室打字员,关于我母亲"特务"问题的文件是她打印的。

这事我原本也没想瞒,一是要瞒也瞒不住,二是家长被"打倒"或被"隔离审查",在我们六一新村是家常便饭。

这一关,从1969年1月至1970年4月,历时一年零三个月。在嘉定时隔离条件还算好,被送到市区后,关押母亲的房间只有一条小席子那么大。母亲是个个性倔强的女人,被关押期间,她对办案人员顶得很凶,因此难免要多吃苦头。嘉定"公检法"有个姓姜的男人殴打过她,不过到80年代初,组织上为此事询问母亲时,母亲原谅了他,母亲表示,姓姜的确实打过自己,但这笔账不必简单地记在他个人身上,因为在那个年代,他主观上认为打的是一个"顽固不化的国民党特务"。母亲的态度扫除了那人入党问题上的一大障碍。

当时连父亲都很迷惑。母亲出身贫苦人家,经历简单,但是办案人员却告诉父亲,母亲从十一岁至十七岁(抗战期间)在"孤儿教养院"待过六年,教养院开在国统区,那儿宣扬什么不言而喻,她后来加入国民党应有思想基础。

市区的办案人员也殴打过这个"顽固的女特务"。

我清楚地记得母亲被解除隔离回家那天的情景。事先我们得到了通知,在家里等着。母亲是一个人回来的,她放下行李和我们相见后,就开始在家里大扫除。母亲极其爱干净,平时工作再忙,家里也收拾得纤尘不染。但她在大扫除时常会骂人。那天一年多没收拾的家虽然"脏死了",但母亲脸上始终挂着温和的微笑。搞完卫生母亲给我们做了一大碗油豆腐红烧肉。那天空气里都充满了喜悦,似乎生活本来不应该就是这样的。

那一年多,家里只留下十岁的我和九岁的弟弟。父亲在窑厂仍很少回来,一个月最多回来一次,把生活费给我们。父亲不在家时,我们和他之间没有任何联系。那时打电话很难,没这想法。父子间也不通信。我自己当爸爸后,我儿子长到十岁时,我难以想象可以离开他,让他独立生活。后来听母亲说,父亲当时也有自己的无奈,首先他决不会以母亲被"隔离审查"为由向组织上申请调回城里。父亲在单位一向以身作则,窑厂的几个工作人员家都在城里,他们还年轻,也有女同志,家里有孩子,周末父亲总是让他们回家,自己留下值班。不过我那时也从没想过父亲应该回来照顾我们。

父亲每次回来,都只住一夜,星期天下午回窑厂。奇怪的是,对父亲每次离家的情景,我现在却没有一点记忆。照理父亲难得回家一次,他的离开对两个孩子应有影响。可见我们小时候对父亲几乎没有心理上的依赖。只有父亲回家的情景,至今还历历在目。那时父亲身体还健康,他每次从窑厂回来都骑自行车。这时通常我们已放学,在新村里玩耍。当看到父亲出现,或听得别人喊,你爸爸回来了,我们便心头一喜,往家跑。父亲每次回来都会带几包椒盐蚕豆,分一些给我们,剩下的做他的下酒菜。然后他吩咐我去街上给他打酒,有时我能因此得到几分"脚步钿"。父亲回家也很少自己做菜,仍叫我们去食堂把菜买回家,端进房间。父亲平日最爱坐在大房间的窗前,母亲不在时,吃饭他也不愿挪地方了。有时父亲喝着酒，说起母亲的事，黯然神伤，一次甚至当着我们的面落泪。

那是我第一次看到父亲的眼泪，内心大受震动，不由得鼻子一酸，眼泪也涌了出来。但显然我是因为大人哭而哭的，孩子常会这样。我不记得自己曾因母亲的事独自哭过。就是那天父亲和我都哭了，弟弟也没哭出来。这是因为我们年幼无知吗？不完全是，那个时代大人的世界对孩子而言太匪夷所思。不过父亲的眼泪，给了我悲痛的心情，整个下午我都快快不乐，同时对父亲也增加了亲切感。

那一年多的时间里，我们兄弟俩真是玩疯了。世界变大了，闻所未闻，见所未见。母亲在时，晚上和星期天是不许出门的，现在没人管，想出门就出门，为所欲为。有一段，晚上经常跟好些孩子聚在一个姓刘的中学生家，关了灯，听大孩子讲鬼故事，什么《无头鬼》《绿衣服》《太平间笑声》等。

姓刘的孩子，他爸是副县长，被打倒了，家里房子大，一些孩子听了鬼故事不敢回家，常留宿他家。

那年头，六一新村像个半封闭半独立的小人国。上世纪50年代出生的孩子本来就多，"文革"中我们新村少说有一半家庭父母被关过，放学后和星期天楼下到处都是获得自由、无拘无束的孩子。仅我们十一号楼十六家就有十一个同龄孩子，我们班级六十二个同学则多半是六一新村的。另一方面，我们新村的孩子都有些骄气，现在因父母问题成了"狗崽子"，我们更加自觉地与外界保持距离。六一新村在嘉定地位特殊，又是当时本地独一无二的墙院式住宅小区，外面的孩子很少进来玩，或许它多少有点令人望而生畏吧。

不过在新村内部,少了家长后,它越来越像集体宿舍,孩子之间来往密切,家的概念淡化了,秘密少了。"县革委"食堂也建在新村里,一日三餐几乎所有的孩子都在食堂用餐。有的人家的家门形同虚设,甚至夜不闭户。新村里有那么多的孩子,做任何游戏搞任何活动都不会找不到人。这儿俨然成了一个小人的乐园。

我的确从未听说有哪个孩子,即使是女孩,因回家找不到父母而哭闹的。

我有一个女同学,她的家也是我们男孩常进常出的,但除了她的三个哥哥,我在那儿碰不到她。似乎仅有一次,我瞥见她的身影在客厅门口匆匆闪过,这一瞥的记忆,竟超过了无数个日子在学校对她的印象。

我们的世界变大了,变好玩了。六一新村本来就很美丽,它的七栋楼房(含十二个门牌号),质量和样式都是那个年代最好的。新村里种植着四季鲜花和树木,杉树和梧桐给我印象最深,梧桐的果实我还曾炒来吃过。食堂前种了一大片桃树,桃子挂满枝时我们常做孙猴子溜进去偷桃吃。小路两侧是整齐的矮冬青,四周沿着铁丝网排种着浓密的大冬青。我们家在最南边的楼里,窗前是一望无际的田野,蓝天白云,四季更替,风景如画。站在窗前也常能望见远处池塘边的垂钓者。那片天地对幼年的我曾是可望不可即,楼前的花木隔离带、两道冬青树屏和铁丝网令它不可逾越。

可是在那年,我却忽然发现冬青树丛被人扒开了一个洞,铁丝网也被割开了一道口子，花园的泥地被踩出了一条小径。有人从这儿逾越了。

不必说，我和几个伙伴很快也跟着逾越。在跨出去的那一刹那，我的心吊了起来，似乎要发生什么。的确发生了什么——穿过自留地和一条机耕路，我跑进了田野，仿佛跑进了画里。

后来，我在楼前这片田野里捉过蟋蟀，为换零用钱，夹过蛤蟆浆，也学大人钓过鱼。我钓到过一条白水鱼，旁边一个大人说服我和他换了一只个儿较大的河虾。他教了我做油爆虾的方法，这比烹饪一条鱼要简单得多。我立刻跑回家，先将虾在油锅里炸红，加入黄酒和葱姜（这是从跟我回家的同学张为民家里拿的），然后加入酱油、砂糖和水，煮一会儿。由于张为民提供了部分作料，那只油爆虾我和他分食了，那情景和滋味一生难忘。

毛主席说"开门办学"，我们这些"狗崽子"连家门都敞开了。那些日子我增长的见识、得到的锻炼，对这个年龄的孩子来说非比寻常，对日后的成长也产生了无与伦比的影响。

我们玩过的游戏数不胜数。那时似乎什么都可以拿来玩，玻璃弹、橡皮筋、棋子、牌片、糖纸，以至砖块、瓦片、草筋等，都可以被我们用作有趣的竞技游戏。还有"抽菱角""车铁箍""坐滑板""打噼啪籽"（用一根竹管，两端各塞一颗朴树籽，然后用筷子削成的推棒，将后端的朴树籽猛地向前推去，竹管内空气的挤压作用使前端那颗朴树籽如子弹般射出，同时发出清脆的"噼啪"声）。有的孩子还能用自行车的链条制作火药枪。我后来也学会用铁丝制作微型纸弹枪，并且练就了在有效射程内指哪儿打哪儿的枪法。我们还常用弹弓打鸟、打知了，还有斗蟋蟀、斗鸡、养金鱼、养鸽子、养蚕宝宝等。

提到这些，我脑海中常会浮现出一些非常主观的情景，如夏日的午后，一个男孩提着弹弓独自在县政府大院南墙外的榆树下打知了，满世界的蝉鸣，遍地白晃晃的阳光，煞有介事的眼神，怅惘的心绪，等等。

我们同学中样样玩得精的，是上文提到的那位最早得知我母亲是"特务"的陈向东，包括下棋打牌打乒乓球，他都是同学中水平最高的。不过陈向东虽厉害，还算不上"高人"。

那年头似乎专出令人不可思议的高人。一天，我们新村一个高中生带了两个外面的人进来，那两人手里各拿了一把弹弓，他们站在我家楼前的花圃里，抬头望见四楼楼顶上露出两只白鸽的脑袋。他们的目光令人看出他们想干什么，许多人围了过去。带他们来的高中生问，这两只鸽子是谁的？连问三遍，没人回答。他便说，不是我们新村的，打下来。许多人都以为他在说梦话，但那两人真的眯起眼睛举起弹弓瞄准起来，几乎同时射出了弹丸。楼顶上两只白鸽不见了。我的同学金光住在四楼，从他家可以上楼顶，立刻有好事者拥着他上去察看。不一会儿，"噗""噗"两声，两只死鸽子被扔了下来，头部击中，鲜血淋漓。我们目瞪口呆地看看两只死鸽子，看看那两个弹弓手，难以置信，惊为天人。这时又发生了出人意料的一幕：十号楼里一个叫王强的男孩突然扑到死鸽子面前，将它们捧在手里号啕大哭，边哭边叫：

"我的鸽子啊！"

原来鸽子是他家的，他以为把它们关得好好的，没想到跑了出来。

高中生轻蔑地对他哼了一声，说："我问了三遍，你不响，怪谁！"

那年头孩子眼里的高人，都和暴力有关。坐落在嘉定南门环城河北岸的上海科技大学当时已经停课，学生中的造反派分为两个派别，名字响当当，一个叫"红革会"，一个叫"红三司"。那时我们常跑进校园里去玩。一天，我们在草地上看到一群大学生，他们站在那儿说着什么，其中有一个戴眼镜的瘦高个儿，可以看出是这群人的中心，其他人都围着他。我们中有人小声说，他就是"红三司"的司令。我不由得睁大了眼睛看他。他除了个子高，看不出有什么特别之处，甚至也不英俊。旁边的人在对他说着什么，他似听非听的样子，偶尔说一两句，声音不大，但所有的人都听到了，看着他点头。他的目光有点散漫，并不盯着某个人，但将所有人的目光都吸引了。当时我还不懂这是所谓的"领袖气质"，但我已被震慑。我目不转睛地望着他，不离开，也不敢靠近。

到了那天下午我们才明白，当时"红三司"的几个头头在草地上开会，部署下午对"红革会"盘踞的大楼的进攻。我看到了这场进攻，但没能看到结果，因为进攻持续到当日深夜。我离开时天色已暗，"红三司"的小将们已发动了数轮对大楼的进攻，但都被对方瓦解。"红革会"的抵抗"火力"主要来自大楼楼顶，他们在那儿部署了一队"投掷手"，当"红三司"的人进攻时，投掷手便从五楼楼顶上抛下大量砖块，少数侥幸突破砖块阵冲到楼前的小将，等候他们的是底楼大厅里"红革会"敢死队的长矛手，他们排着整齐的队形，挺着长矛，突然出现在打开的大门口，将对手逼退。

我至今记得在"红三司"队伍里有一位非常活跃的女将，矮胖身材，白净皮肤，"四只眼"，她不仅勇敢无畏，头戴钢盔和男战士们一起冲锋陷阵，而且还显得足智多谋，例如她找来两只方桌，带头将方桌顶在头上去破砖块阵。但最后他们还是无法冲破"红革会"的长矛阵。

那是我第一次目睹武斗场面，我们甚至就待在交战现场，"红三司"的人允许我们站在旁边观战，以壮士气并彰显群众的支持。当时我的感觉非常奇特。我觉得这是一场游戏，不像是真的。可是房顶上扔下来的砖块货真价实，被砖块击中受伤的"红三司"小将身上流出的也不是红药水。还好现场没有死人。随着战斗的进行，血腥味越来越浓，夜色挟带着恐怖气氛笼罩下来。我终于害怕了，并担心食堂关门没饭吃，便一个人悄悄离开了那儿。

次日我听说"红三司"打赢了这一仗。原来昨日下午"红三司"的正面进攻只是个幌子，当战斗在楼前进行得如火如荼时，"红三司"派出了两员得力干将，趁着夜幕从大楼背后登堂入室。他们在楼里放了火。

这一佯攻战术，甚至也瞒过了正面作战的本方将士。

我的一个堂舅当年也在上海科技大学上学，因为家庭成分较高，自知没资格造反，学校停课闹革命后，他龟缩回家做了"逍遥派"。二十多年后，他成为上海化学工业的领导者，媒体称他是"在上海化工乃至整个上海的历史上,都是一个不能不提到的人,他为上海化工的发展树立了一座又一座里程碑"。例如,他在担任上海化学工业区工程建设总指挥时,在上海滩的东南部围海造地近三十平方公里,建成了现代化的上海化学工业区。

我的堂舅无疑是个了不起的人,但当年他在一个不安分的孩子眼里似乎一无所长,甚至是个"卑微的人"。

4 经典烙印

在六一新村，我有一个崇拜的人，叫小波。我成为他的"跟屁虫"时才八九岁，他那时差不多已上高中。在我眼里，小波是他那一拨人中最出类拔萃的，他不仅长相英俊，知识渊博，为人清高，而且身体也练得堪称完美。根据小波当时常对我说，男人的最佳身高应在一米七八至一米八五，估计他那时有这么高。小波成为我的偶像不奇怪，但是他怎么会和我这个小孩子关系这么密切呢？现在回想起来，和小波在一起的那些日子，我的收获真是多方面的，小波不仅丰富了我的头脑，开阔了我的眼界，培养了我的趣味，而且还送给过我一些好东西，我今天还记得有一块碗口大的环形磁铁。我可没有任何东西给他。我只能说，小波恐怕是真的喜欢我。

自从跟着小波，我的眼界高了许多。印象中，小波最会给人生和日常生活制定种种完美的"标准"，这给一个懵懂无知的孩子的影响最大。比如身高、体型，他都有明确的标准。男人身上的主要肌肉，我也是在他的指点下认知的。小波还常让我背诵他教给我的一些标准，如关于自行车的，关于半导体的，关于几种他感兴趣的武器的。小波甚至教给一个八九岁的男孩关于美女的标准，还记得他特别强调窄臀长腿，这影响到我整个学生时代对女性的审美。那个年代嘉定没有外来人口，城厢镇就这几条街道,南北东西四条老街,再加一条城中路,街上的行人互相之间几乎都不面生。小波常带着我上街闲逛,对看到的一事一物他都有评价,对单调的服饰和匮乏的商品他也有话可说。同时,在他的指教下,我对嘉定城里的几个美女也有了实际的观察。印象最深的一个是"一条街"理发店的年轻女理发师,我长大些后,始终只去那家理发店理发,虽然在那儿要排更长的队,且轮到她给我理发的几率极低。

我虽然没有见过小波打架,但有一次目睹了发生在小波身边的一场针对他的暴力行为。那天,我们新村一个姓林的人,带着一伙外面的人闯入新村,他们有备而来,抓住小波身边一个绰号叫"扁头"的人就一阵拳打脚踢,顷刻间就把扁头打得在地上翻滚哀号,鲜血淋漓。那些人始终没有碰小波,甚至对他视若无睹。小波没有走开,袖手旁观了整个过程。

也许今天我会质疑小波的态度:你的人被打,为什么无动于衷?但是当时我脑子里丝毫没有这种念头,我头回见识这么多人往死里打一个人的血腥场面,完全被吓坏了,我都觉得扁头要被打死了。当暴风骤雨过去后,我看到小波仍站在原地,靠着墙壁,甚至没变过姿势,我就觉得这么多人都没碰小波一指头,小波真是厉害,虽然他们把扁头打得奄奄一息,但这反倒显得他们怕小波。那些人虚张声势地押着扁头离开后,小波对我笑笑,袖管里露出了一根拇指粗的钢棒,算是回答了我满脸的惊恐和疑问。

我从小波身边离开的情形却有点小儿科,我照实说来。一次小波问我,他想将一对鸽子暂时寄养在我家里,我母亲会不会有意见？虽然我很清楚母亲有多爱清洁，她绝不会允许家里养鸽子，但是因为我平时受惠于小波太多，无以为报，我太想为他做点事，因此我立刻不假思索地回答，没问题的。小波还是叮嘱我回家问一下母亲。隔了一天，小波问我问没问过母亲，我说问过了，没问题。我都不知道我怎么敢擅自将一对咕咕叫的鸽子收养在家里。当天晚上母亲回家看到鸽子，就拉下脸问我怎么回事，我说人家借我养两天玩的。母亲就命我明天还给人家。以后接连好几天，我都说明天还。最后母亲真生气了，问我鸽子究竟是谁的，她去还，我要是不说，她就把鸽子炖了。我哀告说我明天自己去还，明天一定还。但母亲不再给我机会，逼我供出了小波。母亲提起鸽子笼就拉着我去小波家。

小波的父亲是副县长，已被打倒下台，母亲将鸽子笼搁在他面前，说，请你小儿子过来，我问问他这是怎么回事。小波过来时，我真的恨不得找个地缝钻进去。那天白天小波还问过我，你妈没说什么吧？我说没说什么。这之前我也从没问过小波，他为什么要把这一对鸽子寄养在我家。这时当着他爸爸的面，在我身为法官的母亲咄咄逼人的盘问下，小波说出了这对鸽子的来历：它们是小波一个月前送人的，上周忽然双双飞回旧巢。

这事发生后，我从小波身边离开了。不久，我母亲因"历史问题"被"隔离审查"。那些日子我最怕碰见小波，但这是无法避免的。一次我在食堂排队买菜时小波过来了，他笑嘻嘻地看着我说：

"你妈也进去了？——她那天不该来我家的。"

接着他又笑嘻嘻地对旁边的人说："他妈妈是特务，他是叛徒。"

我当时脸刷地涨得通红，感到无地自容。我幼小的心灵即刻被"叛徒"两字深深地刺痛，至于小波说我母亲什么我可以当耳边风。

"叛徒"是那个年代最难听的称呼，最令人不齿的罪名，比"特务""走资派""牛鬼蛇神""地富反坏右"等难听百倍、罪恶百倍。中国最臭名昭著的叛徒是甫志高。

小波说我是叛徒，因为我将他出卖给了母亲。不必说，现在我会对这件事提出质疑：我怎么知道这是"出卖"？在整个过程里，我倒是迫不及待地想讨好小波，向他表忠心。要不是鸽子危在旦夕（母亲已磨刀霍霍），我也不会说出它们的主人。

因为"鸽子事件"，以后好多年，我想到小波就会有一种抬不起头来的感觉。

我最后一次见到小波，他从边疆回来探亲，那天他站在二楼他家的阳台上，将一条从边疆带回来的马鞭甩得啪啪响。小波样子变化很大，头戴一顶翻毛皮帽，身披一件羊皮袄，皮肤黑了，一脸粗犷。他从楼下围观的孩子中认出了我（我的心里既怕他又希望他看到我），就用马鞭指着我说：

"十几了？还这么矮啊——看来长不到一米八零了！"

我的脸刷地红了，后悔自己跑过来。

我的童年竟一直被"叛徒问题"纠缠，在某种意义上这种情况堪比我的父母被"政治问题"和"历史问题"的阴影笼罩。在小波之后，我又有了一个大朋友，但是这段亲如兄弟的关系也没维持多久，而离开他的情形，竟然和离开小波如出一辙，只不过这一次带我去他家的是我父亲。

那天碰巧父亲从窑厂回来,吃饭时看到我脸上有擦伤,问我,我不响,弟弟替我作了说明。父亲问我:"他为什么打你?"我咕噜道:"不知道。"通常这是受欺负者的回答(对事件起因有一定的记忆障碍)。我只记得那天那个人花了很长时间折磨我。他倒没有对我拳打脚踢,他的做法是不让我从水泥地上爬起来,如果我要爬起来,他就有效地阻止我。但我也别想安逸地躺在地上,他或者不时地用树枝撩拨我身上的痒处,或者将泥土撒在我的头上和脸上,我的眼睛、嘴巴、鼻子里都进了泥土。

"你敢睡觉?小心被活埋。"他以无比的耐心,不可思议地折磨了我一下午。

父亲了解这些情况后,对我说:"我带你去他家里,听说他爸爸最近也被放回来了。"

和上一次母亲带我去小波家时我内心的抗拒不同,这一次听到父亲要带我去那个人家找他爸爸告状,我心里顿时涌起一股热潮。我曾说过,在我上小学前,我对父亲几乎没有印象。这是我有生以来第一次受到委屈有父亲帮我,我的激动甚至令我容光焕发。我就跟在父亲身后出门了。那人的父亲果然在家。我还记得,当父亲将来意说明并指给对方看我脸上及衣服上的破损后,那人的父亲立刻表态说,他回来虽没几天,但已了解到他的这个儿子在家闯了不少祸,而且花费无度,"你们来得正好,我正准备和他算账。"不过,那天这两位山东老乡见面,多数时间说的是题外话。那人的父亲被关了好多日子,一肚皮怨气,对父亲大骂"卑鄙小人"。

"妈了个屄!"他说,"有人陷害我。"

可是,当从那人的家里出来后,我心里的感觉就开始不对了。"叛徒问题"又像一只虫子在我心里蠕动,像一个幽灵在我脑中作祟。我心头的阴云,此后长期笼罩着我,直到现在偶尔看到那人还会有点下意识的惭愧。

其实在道理上,即使在道义上,当年这个不到十岁的孩子并没做错什么。在我今天的印象中,那天我受到的屈辱堪称整个童年时代最深。在这件事发生之前,有一次新村里许多男孩玩"帮捉帮逃"游戏,我和我的大朋友分别分在"坏人帮"和"警察帮"里,结果在游戏中他盯上了我,于是我在前面逃,他在后面追。他比我大好几岁,但跑步速度不快,我本以为可以甩掉他,没想到结果他用耐力战胜了我。一般我们做这个游戏,范围就在新村里,可那天我跑出了新村,跑出了城,越过了护城河。一个九岁的孩子那天拼命跑了几公里,我也不知道当时为什么要这么费力,为什么不停下?好像那个人在后面咬住不放的追逐令我产生了某种恐惧,我的逃跑也变得疯狂起来,游戏进入了噩梦。最后,我一步也迈不动了,精疲力竭地扑倒在地上,莫名的恐惧乌云般压下来。那个人来到我身后,气喘吁吁地对我说:

"不跑了?再跑啊……"

那时天已黑,新村里的游戏早结束了,其他孩子都已回家。

这件事给我刻骨铭心的印象。那位大朋友在普通的游戏中表现出了惊人、超人的耐力和求胜心,令人感到恐惧。再看他那天下午对我的折磨,始终只用一种简单的方式,锲而不舍,动作的单调,时间的漫长,令围观者都走开了好几拨,可是他仍乐此不疲。整个下午我都被迫躺在楼下肮脏的水泥地上，满身尘土，众目睽睽，别人都看厌了，自己也终于麻木。在今天看来，这是典型的"虐童事件"，我和父亲当时的反应（父亲似乎只是带我去老乡家串了个门），是远远不够的。

但四十年过去了，我似乎仍未完全从童年时代的"叛徒"阴影里走出来。上世纪80年代中期，我在安亭师范学校工作，一天我在校园里猛然碰到了昔日这位大朋友。这之前我和他大概已有十年没见，那天他却在我单位里和我狭路相逢，这几乎是不可能的。我的第一个反应是想低下头走过去，但他的眼睛已盯住我。那一刻我感觉自己虚弱不堪，内心的惊惶和羞耻感，甚至比小时候还要刺痛我。那以后又过去二十多年，最近一次碰到他有六七年了，他又该出现了吧！

人小时候都会做一些错事傻事，比如说谎、偷窃、打架、逃学、耍流氓、恃强凌弱、欺小媚大，等等，但长大后大部分记忆都很容易淡忘。在今天看来，"叛徒问题"对我有点似是而非，却最令我难忘，相反一些严重得多的事件对我并无影响。事实上，当年也只有小波当面说过我一次"叛徒"，后来那个大朋友没有说过，别人也没有说过。我父母更不知道，当他们被戴上"走资派""特务"的帽子时，他们的儿子也无助地受到了审判。"叛徒情结"或许是那个时代留下的经典烙印之一，但也不是人人都会碰上的。

后来，当我自己上了中学、变成一个大男孩时，我也有过一个小朋友。这时我开始理解，就像有些小孩爱找靠山交大朋友一样，有些大男孩也喜欢屁股后面有个小孩跟着。不过，我和那个小朋友的关系有所不同，当时应该说是我主动接近他，并有意向他示好，这可能令他受宠若惊。今天可以坦白地讲，当年在那件事里，我的真实的心理状态恐怕就是有点不可告人，而我自己对此是心知肚明的。

在我们上学的年代，男女同学虽然同校、同桌，但彼此之间几乎不能沟通，而且相互都以与异性"搭界"为耻。我有一个同学，在中学阶段迟迟入不了"红卫兵"，原因是有人检举他经常在做眼保健操时从手指缝里偷窥旁桌的一个女同学。眼神，是那个年代男女同学之间唯一的沟通渠道，并因此而变得格外丰富、暧昧、隐蔽。男女共处一个空间，却只能通过闪烁不定、捉迷藏似的眼神来互相交流，这是在今天和异性相处越来越公开、大方、直接，甚至方式粗糙的孩子不可想象的。

我本人当年对那个小朋友的姐姐产生关注，也仅限于眼神的内容。但是，当我接近她的弟弟时，我似乎找到了另一种表达方式。

回忆往往具有无限夸大时空因素的特征，比如中学阶段我参加了学校乒乓球队，我现在回想打乒乓球的事，记忆中每天下午放学后我都是在学校乒乓房（即现在位于秋霞圃公园内的城隍庙）里度过的；同样，想到那个小朋友，印象中那些日子放学后我总和他在一起，经常带着他四处游荡，就像当年小波带着我那样。但，小波对我别无所图，他似乎就喜欢我跟着他，以致在发生"鸽子事件"后轻蔑地斥我为"叛徒"；反观在我对小朋友的态度里，有几分专心呢？我最早带他玩时，他才上小学，不止一次，我将他托举起来，放在肩上，驮着他在新村里转悠，在他又惊又喜地尖叫时,我的注意力却在某个阳台上。即使在新村外,我也总能感觉到对方的存在,似在附近,看着我们。我和我的小朋友之间的话题,多半与他姐姐有关,我问他答。我问得越来越谨慎,他答得越来越不耐烦。通常,我和他的注意力完全不在一处,例如,当他被我送给他的几颗彩色玻璃弹子抓住眼球时,我却问他:

"你妈妈喜欢你还是喜欢你姐姐?"

他心不在焉地回答:"都喜欢。"

我接着问:"那你爸爸呢?"

他回答:"不要烦。"

我明白自己在做没有意义的事,但乐此不疲。

进入高中后,随着注意力的转移,我的这段对昔日偶像的走样的"模仿秀",便也谢幕了。

5 弟弟的乳名

　　1970年对我们家是个重要的年份，这一年年初父亲在下放十二年后，终于回了城，被任命为县财税局"二把手"，随后母亲的"特务"问题也解决了，在被"隔离"一年多后回到了家，恢复了名誉和工作。我们一家四口终于团圆，从这一年起过上了比较正常的家庭生活，此后除了父亲有过一段时间不长的挂职蹲点外，一家人基本上朝夕相处，没再分开过。到1976年我中学毕业下乡插队落户，这段时光有六年。

　　在我的印象中，母亲受过那次冲击后，性情上发生了显著的变化。我最早注意到的是，母亲在家做家务时，常会独自叹息；更奇怪的是，她经常会突然叫我弟弟的乳名：亮亮。并不是有事叫他，完全是自言自语，更像是一种梦呓。有时忽然听到在另一间屋里忙活的母亲叹息般地叫出一声"亮亮"，我们不由得感到头皮发麻、汗毛凛凛。起初我们会张嘴问："做什么？"那边却没有回音。后来我们学会了装聋作哑，倒像是我们听到了不该听的。再后来，我们长大了，对母亲的自言自语习以为常，再听到母亲叫"亮亮"，有时我们又会故意作出反应："做什么？"母亲会笑。我记得到我弟弟结婚后，我还能听到母亲的这声自语。

　　事实上，在母亲被"隔离审查"之前，她早就不叫弟弟的乳名，甚至从我记事起，我就没听到母亲那样叫过弟弟，更别说是一种自言自语的状态。当我懂事些后，我不由得去揣想母亲在被"隔离审查"期间遭遇到什么。我只是听母亲讲，她在那里面是如何不屈，如何抵抗，如何和审她的人"顶嘴"，为此还吃了不少苦头。在我的印象中，母亲一向是个严肃、严厉、严谨的人，风风火火，不苟言笑，目标明确，个性倔强，在孩子面前很少有内心流露，为什么从"那里面"出来后，她会经常显得精神彷徨？我很容易想到，在母亲精神世界的深处，也许从此一直有一种被囚禁的感觉。我在前文曾提到过，母亲被移送到市专案组后，直到她的案子了结，整整一年间，囚禁她的房间只有一条小席子那么大，不超过三平方米，且站不直身子。说实话，当年我听母亲讲到这一情况时，完全没有今天这种感觉。除了我的天真无知外，另一方面，政治上的冤枉给母亲造成的精神痛苦，远远超过身体上的受难，所以和母亲出来后对前者的描述相比，她对后者的反应可以说有点轻描淡写。

我今年重复看了两遍美国影片《肖申克的救赎》，里面有个情节，前银行家肖申克在吃了近二十年冤枉官司后，意外获得一个为自己平反昭雪的机会，他欣喜若狂地去找监狱长，请求允许他提出申诉，可是监狱长连他有这样的念头都不允许，因为后者一直在利用肖申克做假账。为了惩罚肖申克胆敢有这样的念头，监狱长关了他一个月禁闭，这是监狱里最重的惩罚。禁闭期满那天，监狱长去看他，离开时却扔下一句话：再关一个月。虽然这个情节在影片里只是一晃而过，未作渲染，但我感到这是最震撼的一幕。从肖申克的狱友的反应看，在那间小牢房里被囚禁两个月是不堪想象的，还没有犯人受过这么重的惩罚。那么肖申克靠什么坚持下来？靠他心里匪夷所思的"希望"。这希望使他出离痛苦，灵魂超越，与众不同。

以前我无法想象母亲被囚禁的情形，看了《肖申克的救赎》后我想，母亲被单独囚禁的条件恐怕比这更恶劣。一个人在一间面积不足三平方米、高度不到一米四且没有窗户的囚室里被"隔离"一年，失去自由，蒙受不白之冤，母亲是如何一天天捱过来的？不必说，就像肖申克为了和牢友一起聆听天籁之音，将皮肉之苦置之度外，从母亲嘴里我们也无法真正了解那些日子她在身心方面遭受摧残、虐待的严重程度。只有那时落下的坐骨神经痛，以及精神状态不为人知的深度变化，告诉我们，并让我们去揣想当年在囚室里发生了什么。作为一个母亲，她心中坚守的希望必然比肖申克心里想的简单实在，且不必那么讳莫如深。母亲的希望就是她的孩子。母亲离开那儿后，当听说有人在"里面"自杀时，她曾心有余悸地告诉父亲，要不是有两个孩子，她也可能产生轻生的念头。但对母亲来说，她的那个噩梦实在太深、太长，以致她在离开那儿近四十年以后，偶尔仍会自言自语，念叨弟弟的乳名。这时的母亲已经年逾八旬，身体还算硬朗，头脑清楚，思维敏捷，乐观开朗，你在她身上早已丝毫感觉不到囚禁的阴影。

我感觉到母亲出来后，性情的变化还表现在一种令人不安的紧张情绪上。这种情绪给我们兄弟俩最深的印象是，母亲在家时我们常常也会感到紧张和压迫。母亲在工作上比以前更忙了，每天朝七晚九，经常出门更早，回家更晚。周一至周六，我们兄弟俩的午饭和晚饭都在食堂吃。当然我们在食堂吃得很好，红烧大排、粉蒸肉、糖醋排骨、大肉青菜、狮子头，这些是我们这一代记忆里永远的美食。当时我父亲月工资92元，母亲76元，虽然还要赡养爷爷奶奶和外婆，但母亲每月给我们兄弟俩的饭菜票，足够我们在食堂吃得好些。那时一周只休周日一天，但我很不喜欢这一天，因为这一天母亲在家，我们不能外出。这一天从早到晚母亲都在我们眼前晃来晃去，除了做饭，多半时间是在搞卫生。父亲是山东人，不爱做家务，母亲也从不给他机会，有时父亲叠了被子，母亲会当着他的面重新叠过。父亲干脆就做甩手大爷，起床后就坐在窗前方桌旁喝茶抽烟，或摆棋谱，或看报。母亲搞卫生每次都非常彻底，任何一件器皿、任何一个角落都不会放过。不要说桌面上没有灰尘，床底下也纤尘不染，露天窗台、阳台上也干干净净。灶台上摸不到油腻，水吊、钢精锅、搪瓷器皿、脸盆等都擦得锃亮，卫生间的浴缸、马桶始终都像是新的。

1987年我在《上海文学》上发表了一篇后来获得"上海文学奖"的短篇小说《新房间》，里面的人物原型就是我母亲和我家隔壁的顾阿姨。我们两家合用一扇大门、一条走廊，那些年的周日，在那条走廊里，两位女主人的身影晃进晃出，将她们俩联系起来观察，你会觉得她们互相之间似在竞争什么，你追我赶，争先恐后。客观地说，由于顾阿姨的丈夫邓叔叔比我父亲勤快，他们的一对儿女又比我们兄弟俩听话，因此她家的卫生水准永远是我母亲望尘莫及的。

前一阵子我母亲因交通事故住院，我去六一新村的老屋为她取东西。不知有多少年我没碰过那只五斗橱了，这次我为找东西打开左上方那扇玻璃橱门，我发现里面塞了许多杂物，但不管有用没用，所有的东西摆放得整整齐齐，每件东西上都干干净净，手指触摸到任何地方都没有积灰。八十二岁的母亲是怎么做到这一点的？

在母亲进进出出搞卫生时，我们兄弟俩自然会有些碍手碍脚，母亲甚至会觉得我们将她的劳动果实破坏了。母亲做家务时是很严肃的，紧绷着脸，手脚不停，样子很紧张，当我们兄弟俩的存在影响她时，她会大声呵斥：走开。照理母亲应该让我们出去玩，这也是我们求之不得的，但令我们郁闷的是，每个周日我们都不能出去，母亲不允许。我曾为此非常羡慕我的一些同学，如楼下的陈向东，虽然他的爸爸有点啰唆，经常站在阳台上大声呼叫和训斥孩子，但他家的大门周日白天都是敞开的，孩子们可以自由出入。陈向东的妈妈对家庭卫生的要求与我母亲和顾阿姨大不相同，周日她的时间多半花在食物上。他们家是本地人，走进他家，就有一种混杂的食物的味道扑鼻而来，家里到处吊挂或摊放着各种本地的腌制食品，如酱瓜、咸菜、咸肉、咸鱼等。

我至今还记得一个情节，一天放学后我随陈向东到他家，一进门陈向东就闻到了什么，直奔厨房，爬上凳子，眼睛放光地盯住挂在半空的一只竹篮，叫道："爆鱼啊！"

他们家的北阳台还养了一窝下蛋鸡，有时鸡还会窜到房间里，留下粪便。母鸡下蛋后会发出可爱的"咯咯蛋"的叫声，但鸡粪的气味不好闻。

虽然我不喜欢陈向东家里的某些方面，但我非常羡慕他家的那份自由自在。

当时公、检、法合并，母亲负责"审理组"，这是公检法的核心部门，工作非常辛苦，压力巨大。"回到家又有三个男人要服侍。"母亲自身又有严重的洁癖，这使得母亲的时间永远不够用，身心永远得不到放松。母亲的洁癖令她和家人的关系经常处于紧张状态，她的许多脾气都由卫生问题引发，对家人的唠叨多半是针对卫生状况的指责。可是，在这种紧张状态最容易出现的周日，一方面，母亲翻天覆地的大扫除令家里的空间变小，我们兄弟俩对她的妨碍无可避免，两个好动的男孩之间的嬉戏吵闹经常惹她光火，但另一方面，母亲宁可让我们待在家里，不许离开。这是为什么呢？在家里时，母亲不会和我们聊天，更不会和我们玩，我们出去玩的话还能给她清静。周日这天母亲不容商量地将我们关在家里，现在在我看来，这体现了母亲的一种无意义的意志，不容商量中反映了心理上的某种偏执。所以我说那几年我最不喜欢礼拜天，这一天家里的气氛单调、压抑，无所事事却内心紧张。这一天的母亲特别不可理喻，怒气冲冲的样子令我看不到她的辛劳。

其实不仅是在周日，平时母亲下班回家，不论多晚，搞卫生是她每日睡觉前的必修课。进门后，她总是二话不说，立刻换上家常衣服，戴上袖套。早晨起来第一件事也是打扫屋子。我们平常在阳台上见到朝出晚归的母亲，永远步履匆匆，神色庄重、严肃。

慢慢地我从父母间悄悄的谈话中听出来，母亲在单位里压力很重。我至今还记得一些谈话的内容，但回忆它们并无意义，考据它们的真实性也无可能。其实那些谈话反映的是母亲当时的心理状态。我想说的是，用今天的眼光去看，母亲那几年的状态非常糟糕，濒临崩溃。无论在单位还是在家里，母亲每天都在让自己超负荷地劳作，除了每天不超过五六小时质量不高的睡眠（经常依赖安眠药），没有任何停顿。这已是一种近乎疯狂的状态，既有自我放任，也有精神自虐。我清楚地记得，早在上幼儿园时，母亲和我之间还曾有过一些亲切、生动的谈话和愉快的活动，比如有一天晚上，母亲特地到幼儿园来接我去看电影。但是到了那几年，母亲和她的孩子之间已很少有心平气和的谈话，沟通越来越少，隔膜渐生。母亲那时已没有任何个人爱好，不看报，不读书（除了文件材料），行为单调、刻板，喜怒无常。母亲对家庭卫生的投入，最大限度地占据了她的业余生活，一片瓷砖、一件器皿、一块玻璃的清洁程度，地上有没有水渍未擦干净，床单上有没有褶皱未拉平，睡觉前脱下的衣服有没有叠放整齐，等等，在她看来事关重大。

我以前不懂，如此执迷不悟的洁癖，既是母亲的自虐，也是她的自救，是母亲的痛苦，也是她的快乐。

和1984年父亲提前两年离休正相反，1985年母亲退休时，比法定退休年龄晚了整整两年。母亲退而不休，此后又当律师替人打官司。

1976年1月我中学毕业，当时还不满十七周岁。我先是"响应祖国号召"去曹王公社插队落户，两年后国家恢复高考，我考上了上海师范大学中文系，1982年大学毕业，分配到安亭师范学校当老师。然后是恋爱、结婚、生子。1998年调回嘉定城区工作。

我要说的是，自1976年年初中学毕业后，我便离开了家，从此和家人聚少离多。母亲那些年也忙于办案子，经常天南海北地出差，1989年5月我儿子出生那天她也在外地，我们发电报祝贺她当奶奶了。这十三年间，我从学校进入社会，经历了人生中最重要的一些大事，迅速地成长、成熟，羽翼丰满。但另一方面，我和父母疏远了，对父母的关注减少了。

那些年我对母亲的印象主要有两个，一个是她仍然十分繁忙，另一个是她的健康状况每况愈下。我和弟弟长大后，母亲的家庭负担丝毫没有减轻。大约在我上大二时，母亲从山东老家接来了我的爷爷奶奶。那年爷爷七十四岁，奶奶七十六岁。爷爷奶奶从上世纪50年代中期起，一直相依为命，居住在一个叫戚家夼的山沟里，儿女都不在身边，上了年纪以后，那种风烛残年、孤苦伶仃的情形，我相信母亲是从心里同情的。母亲作出这一决定，既是她作为儿媳的责任所在，也体现了她的孝心。爷爷奶奶刚搬来我家时，对母亲来说近乎两个陌生人，语言不通，山东人的生活习惯、饮食习惯和江南女子更有天差地别，但对这一切母亲都承受住了。虽然十二年里不能做到始终和颜悦色，但这已够难为她了。1985年爷爷生重病住院时，母亲对他的照料，令病房里的病友、家属和护士都称赞不已，说就是女儿也做不到这个份上。

客观地说，对于母亲，身心的彻底解脱和脱胎换骨，发生在1992年以后。那年2月3日，农历除夕的凌晨，父亲在嘉定中心医院老干部病房离世，享年六十六岁。在父亲住院期间，上海市区的小姑将奶奶接去了——爷爷已死于1985年的那场大病。父亲去世后，谁也不敢将这一噩耗告诉奶奶，大家就都瞒着她。从此奶奶没再回到我家,她先是在小姑家住了几年,小姑父得肺癌后,她被送到洛阳大姑家,2002年在大姑家去世,差不多活了一百岁。我奶奶是个非常典型的中国传统女人,虽然在新中国生活了五十多年,但她的观念似乎仍停留在封建社会。我奶奶可以说是个有福的人,一辈子没病没灾,安康长寿,她离世的方式更是表现出常人难有的安详、完美和圆满。那个早晨,她还坐在床上自己洗了脸,然后合上双目,似乎像平常那样闭目养神,却就这样轻轻地去了。在我奶奶的生死两界之间,相隔的不是崎岖之途,不是浩渺之水,也不是悬崖峭壁,似乎是一扇看不见的门,如期为她开启。

我奶奶的一生简单之至,她小时候缠过足,一辈子连家门都很少走出。但奶奶的人生又是一道最难解读的谜语。比如父亲去世的事,我们瞒了奶奶整整十年,直到她去世。这怎么可能?但看起来轻而易举。在奶奶身上,许多事都是这样,整个人生都似乎匪夷所思,却易如反掌。想到奶奶,我一方面赞叹她的平静、安康、有福的一生,一方面又惊疑它的漫长而平淡的过程,一百年如一日,没有意外,没有冲突,没有潮起潮落,没有意味深长。人生最大的谜,莫过于此。

父亲去世后,母亲一下子垮了,大病了一场。母亲有生以来第一次住院,就被送进了抢救室。当时母亲满脑子里还装着父亲去世的事,因此在她病倒后,她认为自己也将跟随父亲去了,离家之前,她将后事对我作了交代。我惶恐不安,甚至有点相信她,虽然嘴上反对她说,你不要瞎说,生病很正常,会好的。

大病以后,母亲辞去了律师事务所的工作,彻底退休,同时也告别了她的那辆骑了二十年却仍有八成新的自行车。从此母亲开始慢慢调整自己失重的生活。大约在1993年，弟弟一家搬去和母亲同住，这对母亲适应新生活有很大帮助，活泼可爱的孙女给母亲带去了新的责任、欢乐和寄托，填补了精神上的空白。这段时间我们这个大家庭的活动，基本都是围绕两个孩子展开。在孙子孙女日新月异的成长过程中，母亲渐渐从丧夫之痛中走了出来，两个儿子小时候没有机会使母亲表现出的更多的慈爱，现在母亲一股脑儿给了孙辈。2002年，我和弟弟都搬了新家。本来弟弟准备继续和母亲同住，我也在自己的新房里给母亲留出最敞阳的一间，准备她随时来住，但母亲最终还是回到了六一新村。母亲离不开那儿，六一新村有她熟悉的一切，有她四十年的老邻居、老同事，有令她魂系梦回的记忆。虽然一个人留在那儿难掩孤寂之情，但心灵似乎更为安宁、自在。

那年母亲已七十五岁，但她充分表现出了积极乐观的人生态度。母亲的生活空间扩大了，开始关心时事，看报、读书，参加社区老年人活动，还特别热衷于养生之道。如今，年逾八旬的母亲，仿佛"洗尽铅华"，本色彰显。在母亲的天性中，什么是她最本质的品质？我现在可以看得很清楚，是善良和骄傲。

小时候我曾一度和母亲很隔阂，觉得母亲脾气暴躁，情绪无常。我和弟弟甚至总结出一个规律：剪过头发回家的母亲，脾气一定很坏，原因不明，须离她远点。但是，有一次，我骑车在法华塔下将一个农村妇女撞了，经调解我须赔她五元钱，这在当年不是一个小数，我心里非常害怕。令我深感意外的是，母亲知道这件事后，并没有打骂我，就把钱赔给了人家，而且此后也没再提此事。后来我又闯了另一个更大的祸,那次,我竟从一辆挤满学生的卡车上,鬼使神差地将一颗直径有两三厘米的不锈钢螺帽,掷向被我们的卡车超越的一辆小型货车。还好螺帽没有掷到人,但它也砸坏了人家刚买的一块用于桌面的装饰板。事发后,母亲同样没有骂我、打我,该赔多少钱就赔给了人家。很多年过去了,我一直没问过母亲,为什么在平常,她经常会为一些鸡毛蒜皮的小事,怒不可遏,抓起扫帚柄在家里追打我,但是当我真的闯了大祸,她的反应却如此平静,态度如此宽容?这就是母亲的喜怒无常吗?当然不是。其实,我曾这样问过自己:谁会对一个因闯了祸而变得虚弱不堪的孩子完全放弃惩罚?只有母亲。这事让我至今想起来都非常感动。

6 脸上的疤痕

　　小学四年级这一年，对我的成长有着特殊的意义。就是在这一年里，父亲回城，母亲也"出来了"（母亲刚被解除"隔离"那会儿，常有熟人碰到她说："出来了？"这三个字令母亲满肚子不快）。在这一年里，我学会了游泳、骑自行车和打乒乓球。

　　我学会骑自行车纯属意外。那天，父亲带我去体育场看球赛，出来后父亲照例要先抽一支烟，他在人行道旁的石凳上坐下，自行车停在路边。我没事便去推自行车玩。父亲一向默许我的种种尝试，没管我，结果他吃惊地看到，我试了几个来回，两脚便都完全离地，会了！那时人太矮，还不能跨上车座，我的右脚是从自行车三角架中间穿过去，踩住另一侧的踏脚板。

　　学游泳更须得到家长的同意和支持。当年学生票是5分钱，这不算便宜，比如和香烟比，一包"生产牌"8分钱，"勇士牌"1角2分，我父亲常抽的"飞马牌"是2角8分，难得抽的大前门是3角5分。在整个暑假，父亲每天都给我5分钱让我去游泳，这是从他自己的烟钱里省下的，按两个月计算就是一整条"飞马牌"。不仅如此，我还得到了父亲的精神鼓励。一次，他专门来到游泳池外面，扒着竹篱笆看我游泳，回家后当着我的面告诉母亲，儿子游得不错，"姿势很漂亮"。父亲平时极少这样直接说出表扬儿子的话，那一次令我格外得意，印象深刻。

我第一次拿起乒乓球拍时,如果我能感觉到其中的一些宿命的意味,我相信我的手会有所犹豫。我最早接触乒乓球是在教室里,在几张拼合的课桌上。很快我在这项运动中显示出了一些天分,学校成立乒乓球队时,姓陆的体育老师选中了我。陆老师是乒乓球三级运动员。到小学快毕业时,我们将要升入的城一中要我们学校在毕业生中挑选三名有乒乓球基础的学生,去城一中参加假期集训。这是一个好机会。我们年级的乒乓球好手都在我们六(1)班,按当时的成绩和水平,我铁定在三人名单里。但结果不是陆老师,而是我们班主任沈老师,以我"表现不好"为由,没有送我。报送的三人都是"红小兵",其中陈向东还是"红小兵"排长,而我是在最后一批"一片红"中才被"红小兵"组织吸纳。那天我因脚伤在家休养,陈向东本人来告诉我这个坏消息,这给了我极大的痛苦,我因此在很长一段时间里非常痛恨沈老师。

报送的另两人是沈为和金光,也都是我们六一新村的。这三人中,陈向东应该是最晚接触乒乓球的,但就像在任何游戏中他都出类拔萃一样,经过两个月的集训,他的乒乓球水平超过了沈为和金光,而且再没让他们赶上来。那几年,以他们三人为主力的城一中乒乓球队,多次获得嘉定冠军,曾在同一次比赛中,陈向东获单打冠军,沈为名列第二,金光得第三名。

当年城一中所在地,就是今天被誉为上海五大古典园林之一的秋霞圃和与之毗邻的城隍庙。秋霞圃那时做了学校的"后花园",桃花潭北月台上的碧梧轩,当年是音乐教室和学校"毛泽东思想文艺宣传小分队"的活动场所。明代奇石"米汁囊"(此石在古代每逢阴雨天气会有水珠渗出，色如米汁，因得此名），就立于我们教室前的空地上，不过那时它的神秘面纱尚未被揭开。"米汁囊"曾在抗战爆发后失踪，直至2001年才重现于世，原来为避战乱，有人以石灰纸筋涂抹，将此石隐藏了起来。如今香火很旺的城隍庙大殿，当年是我们的乒乓球训练房。

由于没能参加乒乓球集训，我刚进入到这所古朴秀丽的学校时，心里满怀挫败感。陈向东他们一入校就加入了校队，每天下午放学后兴高采烈地去乒乓房训练，这真让我难受。一天，我意外地接到一个通知，叫我去学校音乐组开会。后来去参加这个会议的同学，多半成为校文艺宣传小分队的成员。在我们那个年代，对孩子来讲，体育和文艺是最引人瞩目的事，出人头地就靠这两样，所以虽然我对唱唱跳跳并无兴趣，那个通知还是让我有点激动。不过，我仿佛在冥冥中感觉到，自己是不会去参加这个会的。

那天下午，放学后，我经过体育组的一间小乒乓房，看到那儿围着好些学生。我知道是陈向东他们在里面训练，照理我会迅速地避开，但鬼使神差似的，我走了过去。房间里除了陈向东他们三个、教练汤老师，还有一个人，我的目光一下就落在她身上，甚至目光里不由自主地流露出一种迫切的神色。那个人高我们几级，如果没有记错的话，她叫张琴，是当时城一中的女乒一号，我在小学打比赛时，她曾来当过裁判。我不知为什么，一看到她，就觉得和她之间有某种默契，我两眼紧盯着她，仿佛预感到某件事将发生。这时站在我前面的几个同学注意到我，他们都说，你怎么没和他们一起打球？他们边说边习惯性地让我到前面去,这样我就来到了窗前。此后发生的一切仿佛完全受到我的意念的控制:张琴看到了我,她立刻掉头对汤老师说了几句话,后者随着她的指点看了看我,然后我就被叫了进去。汤老师让金光和我打一局,金光输给了我。经过假期集训的金光不可能输给我,他是故意的。汤老师把我留下了。

这一留也解决了我去不去参加音乐组那个会的问题。进了校队,我长长吁了一口气,通体舒坦。我对张琴充满了感激,以后每当她出现在眼前,我都会非常热情地注视她。不过,张琴此后似乎再也没有注意过我,那时在我的感觉上,这是多么奇怪啊。

从此,我们四个人成了好朋友。小学时我们同班,进了中学我们被分在不同的班里,陈向东在一班,沈为在二班,金光在三班,我在四班。巧的是,这个排列顺序与我们四人的乒乓球成绩排名完全吻合,甚至在中学四年(那时中学学制缩短为四年),这个排名从未被改变过。

我们每天放学后一起打球,平时也常在一块玩。不寻常的是,我们四个男孩,天天在一起,在一个球队里,彼此之间还必然存在竞争,但是我们之间从来没有发生过矛盾,没有打过架,也没有吵过闹过,长时间相处融洽。这在亲兄弟之间也是做不到的。我现在想,这大概和我们四个人的个性有一定的关系。我们四个人都性格分明。比较而言,陈向东最认真,不必说,他得冠军最能服人;沈为最随和,排在第二适得其所(顺便说一句,沈为参加工作后,有过很长一段时间在一个企业当"二老板",非常成功);金光最独立,第三把交椅既是他的荣誉,也是他的代价(金光于上世纪80年代末出国,一去十年没音信);我最"深刻",运动成绩垫底更有助于我"思考"。这么诠释也许有一种戏说成分,但我们四个人组成一个团队,真可谓是"天作之合",在整整四年里,我们队无论取得怎样的成绩和荣誉,队内的排名始终未变,我觉得这难以归于技术原因,恐怕主要是出于我们对于这一"秩序"的心理认同。二十年后,我和沈为重聚球场,打了两场球,那是中学毕业后的首度交手。第一场球有点曲折,在区人事局乒乓房,我三比二赢了他。几天后的第二场,转战公安局乒乓房,我势不可挡地连胜他十来局。对于取胜的客观原因,即沈为久疏球场,我忽略不计,我一心将这两场胜利,看作是证明了过去那种秩序的存在,如今时过境迁,它对我们都不起作用了。沈为当时被我打蒙了,以体力不支为由,提前收拍。后来听他老婆讲,他那天回家就趴下了,第二天还爬不起来。从此沈为不再约我打乒乓球,转而约我打网球。

我以写作为主要工作后,一次,我应约写一篇回顾自己成长经历的文章,在写那篇文章时,我忽然想清楚了,为什么我当年在校队时,乒乓球比赛成绩始终不理想?我的答案是,我天性里排斥任何面对面的竞技活动。比如篮球、足球、棋类、牌类等,我都不喜欢,也玩不好。问题是我错爱上了乒乓球,却一直未能克服突现的心理障碍。其实,谁都可以看到,我平时的训练状态并不差,但一上赛场,我的成绩总是和陈向东他们差一个档次,或者干脆名落孙山。最令我痛心的一次是,我在一场非常重要的比赛中,输给了一个看似完全不应该输的农村孩子。在赛前练球时,我和沈为非常漂亮地练习对攻,来回球不断,那个人就在我们旁边的球台,个子矮小,动作难看,我和沈为的脸上都露出了轻蔑的神色。但是在我和他进行四分之一决赛时,我完全像变了个人,从头到尾都像在梦游。和我经常在赛场上发生的状况一样,我不可控制地觉得对方越来越强大,自己越来越虚弱,自己的特长发挥不出来,对方的弱点抓不住。就这样我稀里糊涂地败下阵来。原本我们四个人有机会会师半决赛,这多么圆满。后来,那个人在半决赛中被沈为淘汰,每局不超过10分(当时是21分制),在三四名决赛中被金光击败。由于那次比赛的前四名有资格进入县少体校暑期乒乓球集训,只获得第五名的我,再次与梦寐以求的集训生活失之交臂。不必说,那个暑假我有多郁闷,三个战友都进入了全县乒乓球的最高殿堂,只落下了我。我简直不愿出门。更昏闷的是,周末沈为回家来看我,见到我就说,你怎么会输给那个人,我们现在都觉得他参加少体校集训坍大家的台。

还有一个令我难忘的细节。当时我输掉了比赛,下场时碰到了我们校队的总教练汤老师,他没看我比赛,便问我:"赢了?"我涨红了脸,低下头回答:"输掉了。"汤老师"哦"了一声,什么也没说,就走开了。

汤老师是个非常严厉的教练,由于我乒乓球成绩不好,他的严厉,更让我觉得畏惧。整个中学阶段,汤老师是最影响我情绪的老师。其实,平常在球队里汤老师和我说话很少,似乎也从未当面骂过我,但是,这让我感觉到他对我的冷漠。那天他问我"赢了",虽然问得不是时候,但也在我心里激起了一阵暖意,若是我真的赢了,这一幕就完美了。但对于我回答"输掉了",汤老师又似乎无所谓,不值得他留下一句安慰或责骂。

其实，我自己成绩不好，又能要求别人什么呢？四年里，我因此遭遇的不愉快是很多的，比如我们练球时，常有许多人在旁边围观，有时来了一个生客，有人就会指指点点向他作介绍，谁是冠军，谁是亚军，谁是季军，谁是第四名。有时在比赛场上，会有其他队的球员跑过来向陈向东和沈为请教球艺。大家都认识他们，他们是明星，坐在边上的我有时还得让出位子来。

也许有人会说，真不如当时参加文艺宣传小分队，那儿集中了全校最漂亮的女生。但我自己从未这么想过。我喜欢打乒乓球，虽然在赛场上胜率很低。我喜欢体育，喜欢进校队。说实话，我"看不起"文艺宣传队里的那些男生。

参加工作后，我一直很习惯和才华横溢的人共事，我最好的朋友中不乏天赋远高于我的人。有人会对此表示惊诧，认为这不是一件容易的事，他们不知道，我在学生时代上的最好的一课，就是学会接受身边的人比你引人瞩目。

我下乡插队落户第二年国家恢复了高考，我考上了大学，那一年媒体普遍称我们为"天之骄子"。城一中我们那一届，七个班参加高考的人里，考上大学本科的只有两个人。另一个是二班的包益明，他后来娶了同班同学、六一新村许家的大女儿许昕，如今一家人都在美国。国家恢复高考后，学校教育的重心迅速转向文化学习，体育和音乐不吃香了，汤老师为稳定军心，曾将我考上大学的信息在学校宣传栏里张榜公布，我终于还是成了他眼里的红人。

当年在写那篇回顾成长历程的文章时，谈到我和写作的关系，我写下这么一句话：

"我不喜欢竞争（想赢怕输），写作令我避免了'短兵相接'的紧张和窘迫，给了我一种从容度日的可靠方式。"

如果说，竞技状态差是一种心理弱点的话，那么在本章最后，我要提到一个曾经令我十分烦恼甚至感到恐惧的生理"顽疾"，即我小时候泪腺特别发达，以致到我上高中时，十六七岁了，有时情绪一上来，还会控制不住，泪如泉涌。

我最后一次哇哇大哭是在游泳池，这件事还差点酿成一场不测之祸。当时，我因和同学打水仗，被游泳池那个姓汤（也姓汤）的身高体壮的负责人用长柄铁圈套了上去，结果在游泳池办公室，我和他发生了激烈的争吵。那一场游泳结束的铃声响后，一些同学和救生员都拥进来了，我的同学单加也加入到争吵中。忽然，一个脸上有一条疤的救生员从背后攻击了我们，当我们要还手时却被其他救生员拦住。我一着急，眼泪便不争气地夺眶而出。机灵的沈为这时早已溜出去喊我父亲。我父亲到后，事态就平息了，我被父亲带回了家。

过了几天，单加来找我，他说："这事不能就这样算了。"

我也正为那天的失态懊恼不已，非常恨自己，便说："是的。"

他说："我们叫几个人，去路上拦他。"

我说："可以。"

游泳池的救生员住宿在体育场，吃饭在六一新村的县革委食堂。单加的意思是，我们晚饭前在食堂外的那条小道上拦住那个脸上有疤的救生员，他打了我们几下，打在哪儿，我们保质保量还给他。我就把这事跟我的好朋友沈永春、汪跃明、金光、沈为等说了,他们都答应陪我们一块去。别看我们当时才十六岁,由于我们每天晚上都在汪跃明家的院子里练杠铃,我们比一般同龄男孩要强壮得多。

到了约定那天,我们早早就去守候在那条路上。沈永春还专门换了件长袖衬衫,袖管里藏了一根拇指粗的铁棍。我们已得到消息,那个救生员来自真如,在真如镇上有点名气,他脸上那条疤就是打架留下的。我们自然也作了准备。单加和我说了,我们俩打头阵。当然,一旦我们顶不住,其他人一起上,一定把他打趴下。

但过了晚饭时间,那个人还没出现,救生员一个都没出现。我们去食堂问炊事员,得到的回答是,救生员今天下午都回家去了,由于天气原因,游泳池于今天提前关闭,今年的游泳结束了。

我照实说,听到这个消息时,我脸上和大家一样堆满遗憾和愤懑,但心里有一种松了一口气的感觉。那天我和单加是主角,我还是组织者,但一进入现场,我就像进入了梦游状态,更像事不关己的旁观者。我其实没有真的做好准备,对于面临的行动,我完全没有把握,我的表现恐怕会比在赛场上更糟。

这样"不巧"的事,只有上帝之手才能做出来。那个人真要来了,我们几个学生未必是他的对手。为什么?因为我们脸上都没有那样一条又长又深令人恐怖的疤,身体其他部位也没有。从他粗糙黝黑的脸上这条阴森森的疤痕看,这是个亡命之徒,多半身怀绝技,身上还藏有暗器。

冥冥中上帝之手给足了我面子,同时又保护了我。

7 "狭路相逢勇者胜"

2008年,《档案春秋》约我写了一篇老照片的故事,与文章同时刊出的有一张中学毕业时我和几个同学的合影,有人看到后赞赏地说,你们几个同学都长得很帅气啊。的确,中学时我最要好的几个同学,大都长得高大英俊。金光、汪跃明、沈永春、沈为和我,我们五个曾经常在一块练杠铃,我们一起走在街上时,美女也忍不住要回头。尤其是汪跃明,中学时人已长到一米八,身体健壮,相貌堂堂,弯弯的大眼睛迷煞女生,他得到的回头率比我们高得多。当时有人说,我们学校的校花被汪跃明迷住了,对此我曾不信,但人家让我看到了事实:当走廊里出现那个女生时,有人故意提高声音叫一声"汪跃明",那女生果然条件反射地回过头来看。(顺便说一句,校花后来嫁给了一个非常有成就的人。)

有很长一个阶段,下午乒乓球训练结束后,在一个路口,陈向东和我们分开,他回家去,我们三个去沈永春家玩一会儿。沈永春家在州桥西面的练祁河南岸,门前有一座古石桥。沈永春的父母都是普通工人,他家房子很小,一家六口只有一间屋,隔成南北两个小间。屋前有一个几家人合用的小院子。他父母都非常好客。我们到他家时,汪跃明总是已在那儿,经常还有也住在六一新村的韩鲁凡。

我们有时待在沈永春那个兼作厨房的卧室里闲聊，有时去院子里逛逛。每当这时，我和汪跃明最健谈。不过我们俩爱说的内容侧重点不同，汪跃明侧重于街谈巷议，我侧重于国际、国家大事。就是到了今天，碰到老同学聚会，汪跃明仍然有说不完的稀奇事，而我也仍然热衷于高谈阔论。我们的谈吐风格在中学时期已露端倪。

不过在我身上，不寻常的是，我从小就对政治话题表现出高度敏感和热情，但我在行为上对"政治活动"不起劲，这甚至已成为我身上最具个性的一种清高表现。在整个学生时代，我的"政治表现"堪称落后，小学阶段直到毕业前夕才在"一片红"中被吸收进"红小兵"，中学阶段我没有参加百分之九十的同学都参加的"红卫兵"。我的政治面貌一直是"群众"。和我形成对照的是金光，那时他就显得对政治话题没有兴趣，在别人高谈阔论、夸夸其谈时，他总是一言不发，似听非听。但是，在学生时代，我是"群众"，他是"红团副团长"（相当于今天的学生会副主席）；在下乡插队落户时期，我仍然是"群众"，他是公社民兵营副营长；参加教育工作后，我一直是普通教师，他很快就升任教导主任。金光是我们同学中最有政治前途的一个，只是他在80年代末出国了。我认为，我和金光代表了这一代人在政治上的两种宿命。我说是宿命，而不是态度，我的意思是，若要说一个十几岁的孩子，就能对影响未来的人生大事作出绝对自觉的选择，这其实不可信。我自问，我在中学时期没有加入"红卫兵"，这真的绝对体现了我个人的真实意志吗？刚升入初一时，我也曾和许多同学一样写了一份申请书，但组织吸纳的是一个进驻我校的

"工宣队"队员的儿子。对金光来说，则也许好运来时，推也推不掉。

我们去沈永春家还有一件事，就是剃头，那几年我们几个的头发都是沈永春剃的。

我们通常在沈家待到大人快下班时才离开。我去父亲单位（县财税局）的食堂吃晚饭。饭后我再去约上沈为，和他一块去汪跃明家练杠铃。沈永春和金光也会在那儿。照理我母亲不会放我晚上出门，但我父亲支持我锻炼身体，再者母亲自己每晚加班，一般我回家时她还没到家，所以这段时间她也管不了我。

汪跃明的家和普通小学隔一条弄堂，那里一片都是建国后建的墙院式排屋，一个狭长的院子里有七八户人家。汪跃明的父母都在嘉定锡剧团工作，他的父亲是锡剧团的元老，正是他和濮阳等人将无锡的一支锡剧团带到了嘉定，在嘉定生根开花结果，几位主要演员曾为毛泽东、刘少奇、周恩来演出过。汪跃明有两个姐姐，但他父母重男轻女思想严重，儿子是他们的掌上明珠，因此儿子的同学常去他家也没事。

我们几乎每晚都在汪家门前的空地上练杠铃，因为怕影响长个儿，我们练的是仰卧挺举。那个杠铃是"组装"的代用品，主要部件，铁杠杆和几个大小不等的机器齿轮，是我们颇费周折从曾去"学工"的工厂的废料堆里弄出来的。除了练杠铃，我们还经常爬墙进入隔壁普通小学的操场，练单杠和双杠。爬墙就不是一件容易的事，那围墙比我们的个头高得多，不过，对我们来说，只要跳起来能抓住围墙的上沿，就能翻过去。那几年，通过练习杠铃和单杠、双杠，我们的臂力都很厉害，比如我在单杠上做引体向上加双力臂上杠,这一连贯动作我可以一口气做十五六下,体育老师都看呆了。我仅靠双手臂力爬杆,下肢腾空,可以一口气爬到十多米高的杆顶。我的腹肌也很发达,清晰地突起八块,坐在地上两手撑地,臀部和双腿可轻松地抬起,双腿与上体成直角。

那年头孩子的主要活动都在户外,这样很容易形成像我们这样的小圈子,并且出现"小恶霸"。那时一般的男孩走在街上,常会遭遇不测,如从路边忽然伸出的一只绊脚,一颗来历不明的"流弹"(纸弹),一口飞痰,等等。相对来说,女孩碰到这种肮脏的事反而要少些,这显然和那个年代笼罩学校的两性禁忌有关,这一禁忌完全限止了男女同学之间的正常交往,包括交谈,使男孩和女孩之间的一句话、一个眼神,都变成可耻,使女孩对男孩的一声怒斥:"流氓",变得非常恐怖。

小波他们那一辈上山下乡后,嘉定城里公认的两个最厉害的角色都住在州桥,一个叫大宝,一个只知道他的绰号,"急屎"(对不起,当时都这么叫他)。不必说,他们俩获得这样的威望,必然经历过出生入死的考验,武力超群,勇气非凡。不过,我年纪太小,没见过他们打架,我知道他们时,他们已经高高在上,名声响亮,没人敢惹他们了。我只听说了一些关于他们的传奇故事。据我所见,他们俩的个性似乎颇不相同。大宝每次出行总是前呼后拥,他也喜欢无所事事地站在街边,令经过的小男生胆战心惊;"急屎"则很少露面,在街上出现,也总是单身一人,步履匆匆,一眨眼就不见了。"急屎"显得更深不可测,据说他力大无比,拳如铁锤,一拳可将三十厘米厚的砖墙击穿。当时谁和他们两人扯上关系，是非常有面子的。尤其是在街上和他们迎面相遇时，如果他们对你点一下头，那你在同伴中立刻就被刮目相看了。

大宝的弟弟小坚和我同班，不过这对我并无好处。我和此人似乎天生互相敌视。小坚和郑大元最要好，两人是邻居。郑大元的父亲是嘉定名医，郑大元长大后子承父业也当了一名医生。当时班里围绕他们俩形成了一个圈子，可以说除了我、范欣、周翔鸣、荆伟平等很少几个人，多数男生，包括一些"红卫兵"和班干部，都在那个圈子里。我们几个都是干部子弟，都没加入"红卫兵"。不过，这并不是彼此的区别所在，在他们那个圈子里，也有一些干部子弟。初中时我和郑大元也蛮要好的，我还去过他家，那是州桥的一幢老房子，两层楼，木楼梯，房间特别多，还有一个天井。有一天，在"学农"回校的路上，郑大元和我互相嬉闹，有了身体摩擦，愈演愈烈，结果变了味，从此断交。这事的发生有些蹊跷和匪夷所思，但其实并不奇怪，因为它在根本上反映了我和郑大元他们那个圈子的"决裂"，这是早晚的事，我似乎早就"受够它了"，"厌烦它了"。

郑大元和小坚这个中心在初中时就已形成，他们俩在班里说话声音最响亮，班干部在他们面前也都成"哑板"(不会叫的雌蚱蝉)，不仅不敢得罪他们，而且还迎合他们，对他们唯唯诺诺。他们俩经常随意地拿班里男同学的弱点取笑，想说谁就说谁，还经常搞出一些恶作剧来作弄人家。小坚这个人天性不安分，破坏欲很强，但不擅长表达，郑大元则表现欲很强，所以抛头露面的事都是他在前面，看上去小坚也听他的。郑大元个子矮小、瘦弱,他本人也常爱自嘲"手无缚鸡之力",那时我就常常暗自纳闷:为什么大家都要跟着他?因为我也经常被他们寻开心,所以这种状况更加令我感到郁闷和烦忧。我曾发急地警告他们:在小学里,谁敢这样寻我开心!

他们甚至拿老师的不幸搞恶作剧。初中时我们的班主任徐老师,"文革"初期,她的丈夫在派性斗争中因故去世,当时他们新婚不久,还没孩子。徐老师接我们班时已三十多岁,仍是单身。在上述那次"学农"活动期间,有一天摘棉花,郑大元当着许多同学的面,故作不知地问:

"徐老师,你的爱人是做什么工作的?他也是老师吗?"

徐老师肯定没想到学生会问她这样的问题,不知所措,答非所问。

但郑大元紧追不舍,接着又问:"徐老师,那你孩子多大了?上小学了吗?"

郑大元长得有点像喜剧演员梁天,演技也堪比梁天,要不是旁边几个男生在偷偷地笑,你真看不出这幕戏里有任何破绽。

那天下午还发生了一件事。棉花地紧挨着一个牲口交配场,前一天,我们已远远地看到了两头牛的交配。这天,有人牵来了两头母羊,在一头母羊和交配场里一头公羊交配时,郑大元又故意大声问道:

"徐老师,那两头羊在打架吗?"

徐老师不禁脸红了,说:"别瞎三话四,快摘棉花。"

过了片刻,郑大元又开腔说:"徐老师,今天下午还没有休息过,让我们休息一下吧。"

徐老师肯定不喜欢郑大元再问她难堪的问题，便说："好吧，同学们休息十五分钟。"

徐老师话音未落，所有的男同学撒腿就往交配场跑，女同学则背过身装作不知道。那时正好轮到第二头母羊交配，交配场的饲养员见我们跑来看，便提一个要求：交配结束后帮忙将公羊送回羊圈。事毕，那公羊赖着不走，我们才明白饲养员为什么要我们帮他这个忙。公羊一声不吭，身体后倾，四足坚决地向前抵住，饲养员在前面用力拉，郑大元带头在后面猛推公羊的屁股，这样连拉带推才将公羊送回羊圈。郑大元等人在草地上将两手擦了又擦，又插进刚摘下的新鲜棉花里擦了又擦，手上刺鼻的膻味还是让人闻了要吐。

可以说在我和郑大元断交当日，班里男同学中两个阵营就形成了，双方的摩擦在所难免。特别是进入高中后，每天走进教室，总会有一种不安全感，似乎某种潜在的危险和冲突一触即发。首先是我们中的一员，和对方的一个姓何的同学交了火，就在教室外的走廊上，两人大打出手。他们的人要帮忙，我们几个迎上去。金光从三班那儿也闻声过来，帮我们阻挡对方。隔了一天，在放学回家的路上，我们那个同学被一帮住在州桥的人拦住，姓何的叫来的。为首的那个指着我们的同学，对姓何的说，打他！当时我们都没敢动，这些人可都是大宝手下的。

虽然对方没有碰我们几个，但姓何的每一拳都像打在我们身上。这件事令我感到非常窝囊和耻辱。在整个中学阶段，我经常幻想一个更有力量的自己，那天晚上，除了富有创意地进行这种幻想，还能做什么？

那个年代，男孩尚武好斗，校园里经常发生打架事件，但多半是以大欺小、恃强凌弱，叫人看了心里憋屈。上述事件发生后不久，我终于看到了一场别开生面的恶仗，给我的观感是震惊、恐怖、兴奋、畅快，仿佛出了一口恶气，尽管我并不敌视那个打了败仗的。

交战双方，一个是我们年级的林炜，另一个高我们两级（那一届还是正常学制，有高三）。这两人不仅年龄相差两岁，身体条件更不在一个级别。高三那人人高马大，一身鼓鼓的栗子肉，令人望而生畏，他能举起我们提都提不起的杠铃，还能在单杠上连续做大回环。我们知道他，还因为他有一次将他们年级一个厉害角色打得满地爬。林炜看上去则是一个白面书生，戴一副眼镜，他除了个子比较高，跑得比较快，在我们年级里没有任何突出之处，我们也从没听说他和谁打过架。

当时我们在乒乓房里训练。那个乒乓房从前是城隍庙大殿（如今已恢复），里面除了四张球桌，周围还摆放着一些体育机械，如单杠、双杠、跳马等等，因此我们训练时里面经常有人，也有别的运动员在练体能。下雨天这儿便是体育教室。那两个人不知是怎么打起来的，只听得一声巨响，我们就看见林炜蹦跳到眼前，他刚将一整块红墙砖朝高三那个大力士砸过去，要不是大力士身手敏捷，墙砖就拍中他脑袋了。墙砖砸在大堂中一根大立柱上，林炜迅即将手中的另一块砖朝大力士掷过去。这场恶斗只持续了十几秒钟，但每一个滴答都像爆炸一颗重磅炸弹，林炜令人恐怖的决绝态度，坚决、恶狠狠的出手，没有给对手任何喘息的机会。那间大屋子里有一些建筑杂物，除了墙砖，林炜顺手操起的还有钢筋、玻璃片、带铁钉的木条等,他迅疾、准确地向对方攻击,招招致命。措手不及的高三大力士逃到门口时,林炜还操起一根单杠上的铁杆,奋力掷过去。

这突如其来的一仗令我太兴奋、太激动了,事过很久,我仍难以平静。这场斗殴给我最深刻的影响,就是就此改变了我对于强弱、胜负的一般认识。我后来看到古书上说,"狭路相逢勇者胜",对此深有体会。高三的大力士输在哪儿?输在他太习惯以大欺小、恃强凌弱,但对手"勇"字当先,奋不顾身,那块差点砸到他脑袋上的墙砖,告诉他对手是在和他拼命,而不是比能耐。抱头鼠窜的大力士,已吓破了胆。

到了高中毕业前夕,一直在我预感中的事,以出人意料的方式发生了。还是在那间大屋子里,雨天的体育课,我在打乒乓球,忽然一只排球砸在我后脑勺上。我立刻转身,一眼就看见小坚站在不远处,看着我笑,分明不怀好意。我不知道周围还有什么情况,我就是只看见他。我走过去说:

"你干吗?"

他一下就激动起来,眼里像要喷出火,说:"你说是我扔的?"

我说:"不是你是谁?"

他说:"你再说一遍。"

我说:"那不是你是谁?"

小坚突然挥拳朝我击来,我猝不及防,左脸挨了一下。我条件反射地回击一拳。那一刻,我无暇多想,但也许在潜意识里,我早已受到去年在这儿发生的那场战斗的鼓舞,即使对方真是庞然大物,也不容我犹豫。我手脚并用,向对方一阵猛攻。小坚节节败退,最后不得不扑上来抱住我,与我纠缠。

他先说:"你放不放手?"

我说:"你放手!"

事后,我有一点恍惚,有一点后怕。恍惚的是,我吃不准自己是否有一拳或一脚真正击中了他;后怕的恰恰是,我是否下手太狠了。

我已作好准备,在放学回家的路上被州桥那伙人拦截。我想了很多,无数次问过自己,到那一刻,我是像我们那位同学那样忍痛挨打,还是像林炜那样拼死一搏?不管我愿不愿意,我心里非常清楚,我没有视死如归的勇气。聪明的沈为曾坦然说过一句调侃自己"贪生怕死"的话:我们的命更珍贵。这恐怕也会成为我审时度势的理由。但我也不能允许自己太丢脸,我终于为那一刻设计了一句足以让自己激动的经典台词:

"除非你今天打死我,不然早晚我会打死你。"

说完就可以双手抱头矣。

但好多天过去了,没有人半路拦截我。我曾暗自揣测,是他们对我母亲有所忌惮吧。毕竟我母亲,这小个子女法官,当年在疁城(嘉定别称)威名赫赫,她曾经审理过许多大案要案。

8 成长地

六一新村是我的成长地。写下这句话时,我脑海里浮现出诸多在这里经历的刻骨铭心的人生第一次,如对于死亡、爱情、背叛等等的第一次懵懂直面。令我犹豫不决的是,我不知道可不可以写出自己最初的"春心萌动"。古今中外,写初恋、暗恋的文章不胜枚举,但绝大部分是虚构文本,那些令读者印象深刻、经典传世的描写,都出自文学作品。维特和绿蒂、保尔和冬妮娅,即使如此有据可考的人物和故事,歌德和奥斯特洛夫斯基采用的也仍是虚构文本。对此,作为一个小说家,我理解不外乎有两个原因:一个是生活事件本身不够完美,需要艺术加工;另一个是这一题材只有用虚构文本来表现才能被接受,这已成为语言艺术的一种约定俗成。往极端里说,一个作家在进行某些大胆的人生场景描写时,选择虚构文本没问题,在虚构文本里用第一人称也可以。甚至开宗明义"我就是那个叫马原的汉人"也无妨(马原那本集子就叫《虚构》)。但选择纪实文本就会让作家本人诚惶诚恐、畏手畏脚。

打个形象的比方,虚构文本好比跳水台、体操场、T型舞台,裸露作为一种职业和审美需要被接受;纪实文本好比观众席,坐姿稍有不正就会被诟病"露点""泄春""炒作"。

想清楚这件事,我反倒觉得自己可以在本章中小作尝试。首先，我要写的内容，用今天的眼光去看可能有些不正常，但绝对纯洁干净；其次，我写现实中的人和事，因此也就不必去讲究艺术的完美。

我在前文曾说过，小学四年级是我成长的重要一年，那一年我们全家团圆，我学会了骑自行车、游泳，开始接触乒乓球。我对女性产生特殊好感也是在这一年。最早特别喜欢看到的女性是学校的专职音乐老师，至今还记得她第一次出现在学校的情景。那是在早晨做广播操时，校长将她请到"司令台"前，向全校师生作了介绍。她来自市区，刚从师范学校毕业。为什么最早引起我关注的女性是她？在我印象中，当时普通小学没有像她这样年轻的女教师，才十八岁，而且漂亮，会唱歌弹琴；另一个原因就是她来自市区，说一口好听的"上海话"。音乐老师的脸上还常挂着一种标志性的表情，至今宛然眼前，可以说那是一种沉醉于内心的表情，透出一点淡淡的"红晕"。年轻漂亮、气质独特的音乐老师，当年吸引了一批男孩子。

但如果音乐老师现在还记得我，看了我上述的描写一定会大吃一惊，因为作为她从教后的第一批学生，我们留给她的印象恐怕很不好。我们在她课上的表现，一个个简直都像和她前世有仇似的，音乐课纪律总是最差，她教的歌永远学不会，布置的作业别想收齐。她经常不得不大声对我们说话，甚至吼叫，一会儿面孔涨得通红，一会儿又气得脸发白。男孩子还经常在背后议论她，当然都不是好话，不少还是鹦鹉学舌学来的下流话，甚至在背后提到音乐老师都用多数孩子不会理解的一个难听的绰号。总而言之，从男孩子嘴里说出来的音乐老师，是巫婆，是狐狸精。

甚至没人会说她是"美女蛇",因为有人说她"很难看"。音乐老师也看出男生对她的莫名"敌视",因此她对学生的态度"爱憎分明",对许多男生她永远没有好脸色,懒得看一眼,对个别男生她就眉开眼笑,和颜悦色。那时在我们眼里音乐老师是大人,但其实她也还是个很容易情绪化的女孩子,一些男生对她的冒犯,潜意识里有说不出来的东西,音乐老师做梦也不会想到这个。不知不觉事情起了变化,学校里最年轻的女教师和最年长的男学生之间产生了严重的隔阂和对立。

在一次音乐课上,音乐老师一口气批评了包括我在内的好几个男生,然后大大表扬了一个男生,张为民。后者是文艺积极分子,从小钟情乐器,爱好跳舞、唱歌(这个后来放弃了,因变声后嗓音坏了),颇得音乐老师青睐。我被批评后心里不服气,一时冲动,便扭头对旁边的同学小声说:

"老师看上张为民了。"

那天是在音乐教室上课,学生不按座位表入座,坐在我旁边的是一个关系不错的同学。没想到那个同学立刻举手,老师问他有什么事,他站起来指着我说:

"他说你看上张为民了。"

音乐老师顿时怒容满面,噔噔噔走到我跟前,朝我额头上用力戳了一指头,用气得发抖的声音说:"你脑子里在想些什么啊!"

这件事给了我沉重的打击,来自老师和好朋友的双重打击。

"你脑子里在想些什么啊!"这句充满鄙夷的责问,在此后好长一段日子里,令我碰到音乐老师就像老鼠碰到了猫。

这且不去说它，我想不明白的是被好朋友"出卖"。好多天我不停地向别人抱怨，以委屈缓解羞辱。

当然现在我找到答案了。最近我看到一个资料，荷兰科学家用科学实验的方法证实了一个长期以来广为流传的说法：男子在美女面前会变傻。原因是"净想引起对方注意而使大脑功能减弱"。说得专业一点，男子面对美女时通常会将大量大脑资源用于尝试吸引对方的注意，而留给处理其他事情的资源相应减少。也就是说，为了引起对面美丽女性的注意而忽视身边的友情，这可能并非出于男子的本意，而和大脑功能发生片刻短路有关。对于脑功能尚未发育成熟的男孩子来说，出现这种情况的概率更高。

这件意外的倒霉事包含了太多的人生哲理，耐人寻味。

我想象中，侨居国外已逾二十载的那个同学，看到我这段回忆，饱经沧桑的脸上露出了不以为然的一笑。

小学最后一年，最令我难忘的女性是一位同学。那女生漂亮而能干，在小学阶段是个全才，功课门门皆优，文艺、体育样样出类拔萃，经常引人瞩目地出现在田径场和文艺舞台上，知名度相当高。我对她最早的记忆，就是从对她产生仰视开始。仿佛也是这时才发现，她也住在六一新村，和我抬头不见低头见。自从"认识"了她，此后一年，在我的印象中则简直有一个世纪那么长。

和为了引起音乐老师的注意而经常搞破坏不同，对那位女同学，我因为崇拜她而害怕和她面对面，以致她的身影、声音和眼神都会令我产生恐惧。一方面，我几乎每天都在内心和她对话，似乎彼此"心心相印",呼吸的空气中也弥漫着对方的气息;另一方面,我最怕在新村的小道上和她相遇,那会令我紧张得手足无措,似乎她变得高大、威严无比,和她越接近越令我自惭形秽,无地自容。

那年头,男女同学之间不仅不能在公开场合说话,而且我们还必须控制好自己变得越来越敏感、多情的眼睛,一不留神就会被人揭发:某某在偷看某某。一次,我在六一新村里骑车玩,经过她家楼下时,我下意识地抬起眼睛往她家的阳台看去,结果自行车偏了方向,一头撞进路边的矮冬青树丛里,连人带车倒下了。那一刻我吓得魂飞魄散,感觉大祸临头。倒不是怕受伤或摔坏了自行车,而是担心自己不可告人的窥视被发现了。我心慌意乱地从地上爬起来,觉得自己处在众目睽睽之下。

其实我干吗要骑着车去望那个阳台呢?我明知她不在家。那个阳台完全没有特征,不种花草,不养鸽子,不堆杂物,空空荡荡。

要是没人妨碍的话,我恐怕会干脆站定楼下,仰起头目不转睛地望着它,似乎对着一个戏台,遮着幕布,我等着幕布拉开,她就出来了。那年头,一个男孩的眼睛就是这么富有想象力。

我内心已发生很大的变化,膨胀起来,但从外部看不出来。我即使想瞧瞧她家的阳台,也要从疾驶而过的自行车上去找机会。摔了个嘴啃泥,我首先担心的是"密码"被破译。在那个年代,一个敏感的男孩学得最快的无疑是"隐蔽术"。

因此,当我第一次看到一个农村青年出现在"外新村"(六一新村外围的新建住宅),向我一个同学的姐姐公开"求婚"时,我惊得目瞪口呆，简直不相信这是人之所为。我和许多同学去围观他，就像围观一个怪物。果然，后来有高中生告诉我们，这是一个"花痴"，油菜花开的时候就要犯病。我那同学的姐姐是个医生，据说下乡劳动时在那男青年家里吃过"包饭"，给对方留下了印象。从此每年油菜花开季节，男青年都要进城几次来找她。最初他只知道"对象"住在六一新村，有好事的孩子将他带上了门。他来时都穿得整整齐齐，白衬衫，两用衫，新布鞋，手里还提了个纸盒，里面装着一双擦得锃亮的皮鞋。他的意思是，他将珍贵的皮鞋提在手里，就当是在今天这样隆重的场合穿在脚上了。他方向感极强，自从有男孩将他带上门后，他就认准了这扇门，此后别想再误导他。他站在门前，隔一会儿敲敲门，从早到晚，然后坐末班车回家。有调皮的孩子告诉他，新娘子在里面，你要叫她，她才会来开门。他就敲敲门，喊："新娘子开门。"又有人说，你岳父在里面，你叫爸爸，他就来给你开门了。他真的就喊："爸爸开门。"

起初我同学的姐姐和爸爸这一天都躲在单位里不露面。后来，同学的爸爸忍无可忍，从单位里跑来，动手打了他，并用扫帚柄驱赶他。发生了这件事后，他再出现，一些大胆的男孩也用树枝和砖块攻击他。他不仅不还手，而且好像并不觉得疼痛，脸上还挂着不好意思的笑容。这让我感到非常震惊，对"花痴"心生怜悯。和那些攻击他的孩子相比，我显然想得更多，我更明白，眼前这个人的遭遇是对成长中的男孩的一个警告："爱情"是不可以说出来的。

而那以后看到同学的姐姐，我总忍不住要多看她几眼，似乎她身上发生了什么变化。如果她那时竟然怀孕了，我也不会觉得惊奇的。

我记忆中六一新村当年发生了两起"背叛"事件，当事人一个被降职，一个甚至判了缓刑。前者是从战争年代浴血奋战过来的军人，此处不提。后者是机关干部，我也很犹豫要不要写这件事，因为我对他很熟，小时候一直喊他叔叔。有意思的是，当年他的案子是在我母亲主持下审理的，而"文革"结束后，对他的平反却恰恰是我父亲作为他的单位领导经手的。判他有罪和为他平反，依据的都是此案另一个当事人的年龄，而使用的是不同时期的法律。

那女孩是他家的邻居，两家门对门。女孩叫他叔叔，他家的孩子小时候叫女孩姐姐。女孩被发现怀孕，他这个"叔叔"才暴露。

案子判决后，他被送回原单位接受监督劳动。令人印象深刻的是，整个过程中新村里从没出现过两家之间的吵闹声；他老婆也没和他离婚，不声不响地带着两个孩子搬出了六一新村。

判他有罪，也许冤枉了他，但保住了那女孩的一点颜面；为他平反，也许对他公平，但再次将女孩抛到风口浪尖，令她蒙羞。"年满十六"，"自愿"，对女孩的角色描述再次触动人们的神经。奇怪的是，她现在在我的记忆中是一个脸上有皱纹的中年妇女的形象，我丝毫想不起她十几岁、二十几岁时的模样，而实际上在她二十多岁以后，我就没再见过她。

今年上半年母亲住院期间，我在病房区电梯里碰到了她的弟弟，也是来照顾生病住院的长辈的。我一下子想起了他的姐姐，甚至还想起当年盛传的关于"叔叔"和她在一起时对她说的一些话，如说她"很漂亮"，"等你长大些，要娶你为妻"，等等。那时她应该容光焕发，白嫩鲜亮。我再次感到诧异，对那时的她，我脑子里全无印象。

大概还在上初中时，一天傍晚，我们四个打乒乓球的，结束了在学校的训练后回来，一进六一新村我们就感觉到气氛不对头，后面那幢楼底层屋外围了好些人。过去一打听，惊得我们头发竖起，原来那家的女主人割脖子自杀了，死前还掐死了自己的孙子。警察已到，封锁了现场。我们听到的情况是，邻居首先发现从那家的门底下淌出血来，第一个破门而入的是"县革委"食堂的一名姓孙的炊事员，此人当过兵，人高马大，一向爱在小孩面前逞英雄。他翻窗进屋后，将门打开，于是一些胆大的孩子（包括我弟弟）就也跟进去了，现场被搞乱了。姓孙的炊事员还蹲下身，当众将躺在地板上的死者血肉模糊的脖子掰开来察看，并大声说，完了，没救了，老太婆下手很狠，只连着张皮了。他还将血泊中的菜刀捡起来，举着给大家看。甚至似乎为了看清菜刀的成色，他竟跑进灶间去把菜刀洗干净了，然后举在头顶上说，是一把新菜刀。这些"壮举"立刻给他招来了麻烦，警察到后，首先就将他控制了起来，据看到那一幕的人说，警察要铐他，他吓得脸都白了。

警方忙活了一阵，最后得出结论，老太婆是自杀，她的孙子是她在自杀前掐死的，前后相隔五分钟。孩子的颈窝里还留有一个很深的大拇指的印痕，皮肤都被指甲切破了。看来老太婆对那孩子有深仇大恨，否则无论有什么原因都不足以解释她的狠心。

但据邻居说,老太婆对孙子非常疼爱,虽然她不是孩子的亲奶奶(她是那家老头子的续弦),但孩子生下来后就一直是她带的。老太婆的爱与恨究竟是什么状况,她杀人和自杀的真实原因是什么,至今都是一个不解之谜。

这老太婆是上世纪六七十年代动荡时期我们六一新村唯一的、也是最意想不到的自杀者。当时我们新村有许多大人如果走这条路的话,都不会太令人惊怪,因为他们自杀的原因一目了然:自绝于人民。但他们都坚持了下来。有一个阿姨,屁股被打烂了,头发被剃去一半,她也坚持下来了。我母亲也坚持下来了。我父亲,如此自尊、敏感的一个人,曾被在脖子上挂了打倒他的大牌子示众,他也只是偷偷哭了一回。那老太婆不是干部,且已退休在家,在那个年代,在六一新村,无论如何也轮不到她走自杀这条路,而且还带走了一个年幼的生命。她能有多大的冤屈,有多大的怨恨?

那天深夜,我在睡梦中被弟弟叫醒。我发现弟弟在床上坐了起来。我拉亮灯,问他:

"你做什么?"

"我睡不着。"他回答。

"为什么睡不着?"

"我看到那个老太婆了。"

我吓得头皮发麻,咕噜道:"看到老太婆,为什么把我叫醒?"

"我怕。"

那晚躺下后,我也曾在床上辗转反侧,不过令我睡不着的不是这个原因。白天我只是站在门外,没有像弟弟那样进到屋里,目睹了老太婆几乎被割断、血管暴出的脖子。影响我入睡、在我脑海里一再浮现的,是当时发生在屋外的一幕:我在人群里一眼看到一个人,她的目光或许只是碰巧落在我脸上,但是被我抓住了。在血腥恐怖的死亡现场,我和她超然物外地对视了几秒钟。这对于我是一个不可思议的人生纪录,意味着我在成长道路上大大向前迈了一步。

1977年冬与同学合影，其中每位在书中都有出现
（前排从左到右：金光、汪跃明；后排从左到右：沈为、我、沈永春）

我们的爱情

我最喜欢的一张老婆的照片

曾为老婆的这张照片写过
《秋天的意味》

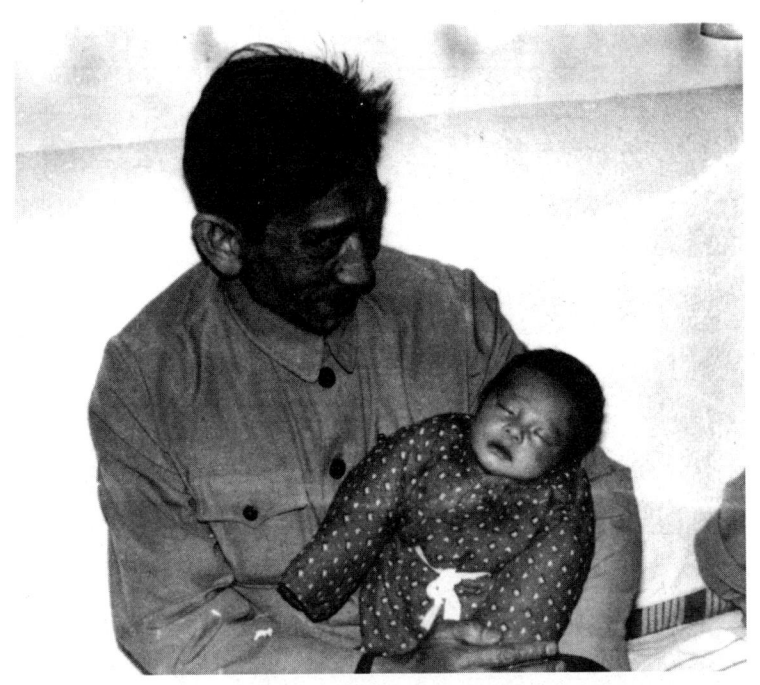

幸运的是父亲看到了孙子出生

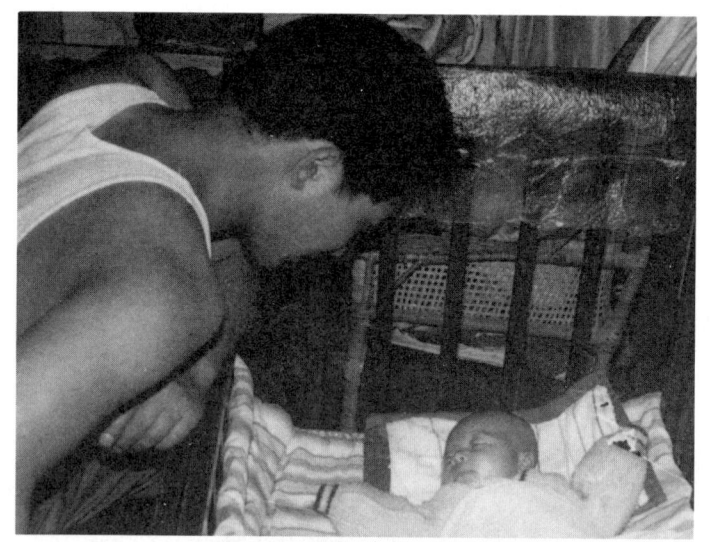

当时我常这么目不转睛地看着他

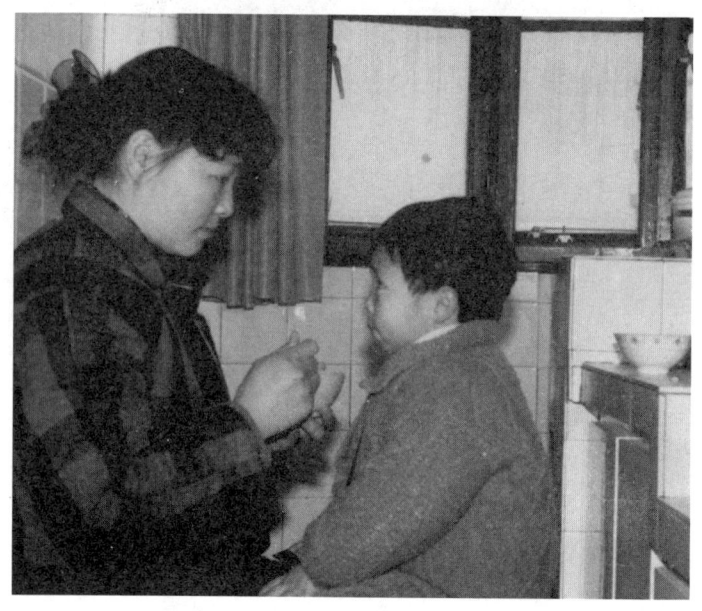

儿子不认为我们对他"非常宠",但承认是"宠"

父子

从小靠边站(前排右一是张肖阳)

老师说,他不是对你白眼睛,他的眼睛就长得这样

9 工宣队输了

1970年我父亲调回城里后，我们兄弟俩和他的接触多了。在儿子面前父亲也是个非常随和的人，除非我们烦得他不行，他不会对我们发脾气。在家闲着时，父亲除了研究残局和看报，也很喜欢和我们兄弟俩玩。我们父子仨最常玩的是打牌，每局记分，排名次。有时我要看书，不愿打牌，父亲还派弟弟来传达他的"命令"。我从小爱读小说，进入中学后读得更多。那时好书难找，但也有好处，就是每本书都读得很精，细嚼慢咽，不舍得读完。那些年我读过的书有：中国四大古典名著，苏联的一些小说，父亲从单位借来的"内部书"，如《第三帝国的兴亡》等，以及我弟弟从二楼的杨明家弄来的一批"禁书"（他父亲是原县委秘书，爱好文学），如《青春之歌》《苦菜花》《牛虻》等，还有当时独一无二的畅销书《艳阳天》《金光大道》。

母亲常说父亲和儿子在一起没大没小。的确，我们三人在打牌时，旁人若仅从声音上听，不会想到是父子仨。有一天，一个第一次来我家的同学，听到隔壁房间里两个人大呼小叫的，一个喊，"打死你"，一个叫，"你完蛋了"，一个拍桌子，一个跺地板，那同学好奇地问我谁在隔壁。当他知道是我父亲和弟弟在打牌时，他一脸惊奇。这个同学的爸爸在他很小的时候就死了，因此他这样说，人家的爸爸我见过很多，但从没见过像你爸爸这样的。

我们兄弟俩还非常喜欢过年过节时父亲带我们去市区姑妈家做客。我们有两个姑妈，在上海市区的是小姑，大姑在洛阳。小姑父也是威海老家出来的共产党干部，和父亲从小认识。他们家住在武康路，后来我知道巴金也住在那条路上。小姑有四个孩子，两男两女。那时给我们印象最深的是他家的大儿子小威，一个高大英俊的男孩，看上去有侠义之气。他中学毕业后当了几年兵，复员后在国营厂没做几年，就辞职自己开了家公司，主营中央空调的销售和安装。大概在上世纪末，正值壮年的他，不幸死于白血病。得这个病可能和他常年接触氟利昂有关。直到他死后几年，我们才从洛阳大姑处得到这一噩耗，她也是才听说。这么大的事小姑一家为什么不告诉我们？我至今不是很理解。

知道小威大哥不在人世后，在默默哀悼他的日子里，我常想起小时候有一次在他家的阳台上，看他在楼下一所学校的操场上打篮球的情形。他的水平怎样我现在已无法作出客观评价，但用今天惯用的说法，他那"矫健的身影""舍我其谁的气势"，在球场上的"号召力"和"统治力"，给我留下了深刻的印象。还记得有一次，小姑一家来嘉定做客，吃饭时，趁大人不注意，他的弟弟连续吃了几块红烧肉，当弟弟再次将筷子伸向那碗红烧肉时，小威大哥突然抬手给了弟弟一个巴掌，弟弟吓得缩回手，可怜巴巴地低下头。他这是在教训弟弟，在舅舅家吃饭要讲礼貌懂规矩。

对孩子来说，"隔灶头的饭香"，正如我那小哥爱吃我家的红烧肉，对小姑家，除了小威大哥，我另一个很深的印象就是他们家的饭菜非常好吃。他们家的水饺、蒸饺、红烧大排骨、干煎带鱼等等,我从小非常爱吃。我期盼父亲带我去小姑家,向往美食也是原因之一。那个年代走亲戚,吃本来就是头等大事。父亲是个颇具幽默感的人,有一回在带我们去小姑家的路上,他故意对我们说,一会儿到了小姑家,她给你们吃花生米什么的,你们要小心,这是小姑对付你们的计策,叫你们吃不下饺子和大排骨。我们听了哈哈大笑,乐不可支。须知在那个年代,花生米比肉更珍贵,我和弟弟可以天天吃到肉,但一年只能吃到一次花生米,还是爷爷奶奶从山东老家寄来的。没有什么能让我们拒绝花生米,也没有什么能影响我们对于小姑家的饺子和大排骨的食欲。父亲这类独具风格、引人入胜的语言,从小对我非常具有感染力。

那些年家里常有父亲的客人。来得最多的有两个人,一个是李奇勇叔叔,父亲的顶头上司,财税局"一把手"。他们家住在我们家后面,隔一栋楼,来去很方便。李叔叔是个大个子,相貌堂堂,气质儒雅,他的爱人是资格更老的共产党干部,时任中共嘉定县委副书记。李叔叔和我父亲关系相当好,彼此彬彬有礼,非常有默契,我没再见过有像他们这样关系的单位一、二把手。当时的财税局由财政、税务、人民银行合并而成,机构很大,人很多,但单位的事务在他们之间处理起来似乎轻而易举。他们在家里很少谈工作,偶尔有要事要谈,语调也都非常平和。李叔叔来我家主要是和父亲下棋,他也酷爱象棋,但水平一般,每次都很难赢父亲一局。他们俩下棋时房间里静悄悄的,等我们听到椅子响时,便是李叔叔要走了。虽是大败而归,但李叔叔脸上始终挂着温和、优雅的笑容。父亲送他到门口。"走好。""明天见。"他们互相道别。回忆父亲和李叔叔的交往,真是非常真实、坦诚,充满人情味。棋盘上如此真实,现实中也是。

"文革"后不久,李叔叔被查出患了脑瘤,随时有生命危险。北京的医生建议手术根治,但手术也有风险。结果手术失败,李叔叔死在手术台上。如今李叔叔的骨灰和我父亲的骨灰都安放在嘉定烈士陵园内的离休干部墓室里,两人挨得很近,我去祭拜父亲时,也常会在李叔叔的灵位前三鞠躬。李叔叔的灵位里,在骨灰盒一侧,醒目地摆着一帧他爱人身穿红衣的相片,阴阳相隔,长相守望。

另一位常来我家做客的,是冯彪叔叔。冯叔叔也是解放前参加革命工作的老干部,时任财税局党委委员兼某个部门的主任。他是个矮个子,精瘦,和我父亲一样烟不离手。冯叔叔的五官其实长得相当端正、秀气,这遗传给了他的四个女儿,个个长相出众。他的大女儿中学毕业后当了兵,后来嫁到一个军人家庭,生了个女儿,就是现在的当红明星韩雪。我虽不是韩雪的粉丝,也从未见过她,其实只看过她在春晚上的表演片段,但因为知道她是冯彪叔叔的外孙女,对这个名字一直感到有点亲切。

当年冯叔叔常在礼拜天上午来我家串门。他很少和父亲下棋,多半来了就坐下和父亲说话,不停地抽烟。冯叔叔爱说单位的事,容易激动,声音越说越大。他每次来的时间都在上午十点,很准时,往往我家的三五牌台钟刚敲过十下,冯叔叔就出现了。到我家开饭时,我父母总是留他一起吃饭。后来也不用说,我母亲将酒菜端上桌,他们两个爷们就先喝起酒来,边喝边继续说话。酒是我去街上打的，一毛一分一两的土烧，冯叔叔来了，我便要多打二两。

不了解情况的人可能看不懂这个冯叔叔：哪有下级常到上级家里去"蹭饭"的？那个年代人与人的关系，也没有纯朴到这样。其实，正如李奇勇叔叔和父亲的友谊一样，冯叔叔对待父亲的态度，同样与父亲和善、热忱、诚恳的为人有很大的关系。我相信冯叔叔和我父亲的交情，也是他一生中唯一的。当年冯叔叔家住州桥法华塔下，房子小而暗，虽然他的大女儿参军去了，但家里还有三个女儿，最小的女儿出生不久，可以想见礼拜天冯叔叔不愿待在家里的心情。难得的是，我们家能让他相信自己受到欢迎。

有一次，冯叔叔请我们全家去他家做客，不必说，这是他对我父母厚待他的回报。那次请客他搞得很隆重，做了许多菜，还包了馄饨。

我最后一次见到冯叔叔，是在我父亲的追悼会上。瞻仰遗容后，他朝我母亲走过来，颤颤巍巍，老泪纵横。没过多久，冯叔叔的骨灰也安放在嘉定烈士陵园离休干部墓室里。这些老同事、老战友，在向马克思报到后，仍然魂归一处。

我父亲一生钟爱象棋，业余时间大部分花在棋上。他的象棋水平，在六一新村，在机关大院，堪称曲高和寡。慕名找他下棋的人，没见有赢过他的。因为没有对手，父亲经常一个人坐在南窗下研究残局。后来，父亲听说民间有一个高手，礼拜天，便带着我找上门去。在州桥西侧的太平永安桥的北桥堍下，我们找到了那个人，是一个单身老头，退休在家。我们到时小屋里已有多人,有人在和老头下棋。父亲先站在旁边看了一会儿。那个年代的人在竞技场上都很讲规矩,两将交战前先握一下手,互相说:"向你学习。"

奇怪的是,我从小对象棋不感兴趣,父亲也无意教我学棋。在父亲和老头对弈时,我在屋子里东张西望,一会儿被屋外的一个小天井吸引了。天井里有两只麻雀在嬉戏,它们看到我站在门口,也不飞走,这已让我非常惊奇,更令我大吃一惊的是,两只麻雀忽然互相追逐着跳上窗台,飞进屋里来了,一下落在我面前的桌上,叽叽喳喳地叫,神气活现的。我顿时以为两只傻鸟自投罗网,便立刻扑过去要抓它们,扑了个空。它们飞起来,盘旋两圈,竟仍不出去,又落在碗橱顶上。这时屋子里有人笑起来,对我说,小朋友,别去抓它们,它们是"家鸟",老公公养的。另一个说,它们是主人,我们是客人,你爸爸和你也是客人,我们要对它们客气点,哈哈哈哈。

我后来常听人说,麻雀虽小,却是最具野性的鸟,养不家的,但我就是见过两只神奇的"家鸟"麻雀。因为这次奇遇,后来我自己也在家里养过麻雀。我先是养了两只嗷嗷待哺的小麻雀,把它们养大后,还没等我想试验它们,它们就忘恩负义地"越狱"逃跑了。然后我又不死心地养了一只刚从鸟蛋里破壳而出的"赤膊鸟",我精心地喂养它,看着它一天天地长大、变化,眼睛慢慢睁开来,绒毛长出来,羽翼渐丰。它长成一只成熟的鸟后,看到我丝毫不惧怕,我喂它吃的,它会过来啄食,甚至我手里抓着一块蚱蝉的背心肉(这是蚱蝉身上最好的一块肉,也有人炒而食之),它也会像鹦鹉那样伸长脖子,用它的尖喙一下一下从我手里撕扯那块精肉。这是麻雀与人类之间多么难得的亲近举动。

一天,我终于满怀信任和希望地将鸟笼门打开了。我的麻雀先是视若无睹,然后从门里一下跳了出来。它立刻本能地扑腾了几下尚未真正使用过的翅膀,飞起来了,蹲到了阳台围栏上。我不知所措地看着它,忽然想伸手去拦它。但它再次飞起来,飞离阳台,在空中起伏了几下,最低处几乎撞上楼下的香樟树和夹竹桃。它向东飞走,眨眼间消失在和六一新村一径之隔的少年宫里。我傻站着,顿时心里充满了一种被愚弄的感觉,感到自己做了一件蠢事。

过了几天,放学回家,听到阳台上有麻雀叫声,过去一看,阳台围栏上停着一只麻雀。我刚想凑近看个仔细,麻雀一跃飞走了。后来我对人家说起养麻雀的故事时,都是告诉人家,阳台上出现的麻雀,就是我从小养大的那只,我一眼就认出了它。这种说法令听者感叹不已,给了我自己极大的安慰。但实际上,我真的不能确定它的身份。

没几年那老头就死了,拐角处他的小屋从此一直关闭着,没再有人住过,日显破败,直到1980年代初被拆除。我后来每次走过那儿,都会不由得朝它望一眼,似乎那两只神奇的麻雀"音容宛在"。父亲那次以后也常去找老头下棋,他曾斟字酌句地告诉我,对老头"输多赢少"。

1976年1月我从嘉定城区一中毕业,被分配到曹王公社插队落户。没想到我走"上山下乡"的道路一开始遇到了一点挫折。在中学的最后一学期,一天,在学校做早操时,工宣队吴师傅忽然走到我跟前站住,两眼严厉地瞪着我。不必说,我做操太马虎，吴师傅希望他的目光给我一个警告。他一向是这么做的，每次都能收到立竿见影的效果。但是我当时正处于严重的"逆反期"，对工宣队这个吴师傅特别看不惯，背后也曾和同学议论过他的"自负的目光"，因此我心里嘀咕道：你以为你眼睛一瞪，我就要被你吓死了？我只当没看见他，动作没有丝毫改观。早操结束后，吴师傅冷冷地对我说：

"跟我去办公室。"

在许多同学的围观下，我回答他："我们下一节是体育课，你有什么话就在这儿说。"

吴师傅愣了一下，问："你去不去？"

我重复我的回答。

吴师傅扔下一句话："你以后别后悔！"

说完就转身拂袖而去。

这句话刺激了我，我不屈不挠地冲着他的背影喊道："你想用毕业分配来威胁我？有什么了不起！"

这个吴师傅是上海毛巾厂的工人，因为在"文革"中表现突出，被选拔为"工人毛泽东思想宣传队"（简称工宣队）队员，派驻我们学校。吴师傅当时在我校名义上是挂职副书记，实际上大权在握，尤其是和每个学生利益攸关的毕业分配，主要由他负责，因此学生普遍都很怕他。而且他才三十多岁，高个子，体格健壮，当过兵，有时动手去拉不听话的学生，被拉的学生事后说，他有功夫的，手指像钢爪似的，掐住软档，动弹不得。

学生怕吴师傅，主要是担心自己给他留下坏印象，毕业分配时吃苦头。吴师傅给人最突出的印象就是爱憎分明、疾恶如仇、敢作敢为，是个非常有个性的人。他的伟岸的身影和冷峻的目光在校园里几乎无处不在。不过，吴师傅在毕业分配中"搞报复"，但不搞腐败，这也是事实。

我在操场上当众抵制他，令他下不了台，虽然得到同学们的喝彩，但事后心里是虚的。我知道他不会忘记我、放过我。

毕业前夕，校园里每天都会出现一些表"上山下乡"决心的小字报。我不是红卫兵，但我是家里的老大，我已准备去乡下插队落户。按我的性格和一贯落后的表现应不会去写没用的决心书，但我偏偏鬼使神差地也写了一份，并请练过字的张为民抄写在红纸上，醒目地张贴在教学楼的过道里。我这是要做什么呢？其实，坦率地说，我不是要表"上山下乡"的决心，更不为争当"标兵"，我要公开显示、炫耀的是我颇为自负的文采。我从小爱写作文，爱读小说，也爱好古文，内心常有一种无可名状的"发表欲"。我情不自禁地用一种半文半白的语言写了那份决心书，张贴出来后，果然在师生间引起了不小的反响。令我格外得意的是，我的乒乓球教练汤老师在看到决心书后，立刻对旁边的人说，这是我们乒乓球队的。

吴师傅也看到了，很快我就明白，自己做了一件多蠢的事。原来在吴师傅的分配方案里，我的去向是全县最穷的望新公社，现在我的决心书证明他满足了我的意愿。我父母是想让我去曹王公社，那儿也不富裕，只因我家隔壁的邓叔叔时任曹王公社党委书记。校党支部书记也替我说话了，但她抱歉地告诉我父母，吴师傅非常固执，她的话也听不进，坚持要我去望新。据她说，吴师傅还表了态："这个学生去望新有什么问题我负责，就算教育局党委书记来,我也是这句话。"

我已在心里对自己说,去望新就去望新,有什么了不起,无所谓。

但我父亲生气了,他说:"搞什么名堂,为什么一定要我们去望新?把一件光荣的事变成对一个学生的打击报复,这是什么行为!"

父亲恐怕在心里琢磨,教育局党委书记的话你都敢不听,你了不起,但毛巾厂领导的话你也敢不听吗?后来,正是毛巾厂领导出面替我说了话,吴师傅才松了口。在学校欢送我们"上山下乡"的那天,不知是有意还是无意,吴师傅出现在赴曹王的卡车上,并且主动和我握手。我看到他,心里有些不好意思。

这是我第二次让吴师傅下不了台。平心而论,吴师傅当年要我去望新,虽说有点整我的意思,但也谈不上打击报复,因为之前发生在操场上的事是我错,后来我自己又主动写了决心书。何况望新也是本地农村,和曹王差别不大。毋庸讳言,我父亲和吴师傅斗,多少有些不讲原则,但在当年这让做儿子的心里感到温暖、踏实。我自己为人父后,我理解这是父亲的"护犊之情"。母亲更不必说,如果有人说她儿子坏话,她会不讲原则地记恨对方很久,譬如那位校党支部书记曾并无恶意地说我"眼睛长在额头上",母亲听到后非常气愤,直到现在还记着这句对孩子"不负责任"的评语。我弟弟曾在一次年级大会上,被工宣队点名叫上台,站在正被批判的一个绰号叫"臭皮蛋"的学生旁边"陪斗",这件事给母亲的打击,说超过"文革"期间她自身受到的侮辱也不为过。

10 有没有放下去的手

我在乡下虽只待了两年，但这两年间的见闻和经历，足以单独写一本书。从1976至1998年，我经历了两年插队落户、四年大学和十六年教书生涯，如今在我的回忆中，这三个时期分量完全相等，丝毫没有因为时间长短而显出轻重。小时候常看到书上说，生命的质量不在于长度，而在于宽度和深度，此言不谬。

我是抱着"革命的浪漫主义"情怀去乡下的。那几届已不安排去外地，不然我也会报名。我还不到十七周岁，但我内心已非常渴望离开家。"麦浪翻滚、大地流金""钢花飞溅、铁水奔腾"，是我们小时候听到的最富豪情的词语。我虽然从未想过要在乡下"扎根"，但一度曾准备在乡下待到三十岁，这是我为自己设定的结婚年龄。

但初次离家，来到陌生、艰苦的农村，最初一段日子有难以想象的不适应。邓叔叔三十年后碰到我，还热衷于对我回忆一件往事：一天，他来我们生产队检查工作，碰巧看到下乡没几天的我，和男社员们一起在挑大粪。当时我挑起一担粪，摇摇晃晃地走上搁在粪船上的跳板，下面是粪舱，因为身体快要失去平衡，我不得不丢下粪担以自保。邓叔叔说，你在农村得到了锻炼，这段艰苦的生活对你今后是有好处的。邓叔叔生于农村，长期在农村工作，对农村有深厚的感情，他一直相信知识青年"上山下乡"对其个人的成长是有积极意义的。

对知青来说，在乡下最艰苦的农活儿就是挑担，除了经常要挑大粪、挑河泥等，农忙季节还要连续几周挑稻或挑麦，每天从日出挑到日落，碰到雨天，脚下泥泞，肩上更沉。刚下乡那会儿，我们因稚嫩的肩膀，吃了不少皮肉苦，出了许多洋相，心情更加郁闷。有的女生白天跟社员出工，晚上躲在知青屋里哭，又不敢回家，怕影响前途。

母亲第一次来乡下看我，给我的印象便特别深。为了节省车费，那天，小个子的母亲还是自己骑车来的。母亲给我带来一碗我最爱吃的红烧大排骨，见到我后，放下菜，在我面前坐下，看了我一会儿，忽然说：

"你说奇怪吗，这一个礼拜，我的感觉好像是回到了你小时候，送你去了托儿所。"

母亲这句话在当时的确令我吃了一惊，但不是感到奇怪，而是怦然心动，觉得它不仅说出了母亲自己的心情，也道出了那一周我内心的感受。我似乎真回到了小时候，感到和母亲的心贴得很近。

那两年，我经历了很多人生第一次，有些事简直难以置信。有一天晚上，我和早我两年下乡的许建平在我屋里聊天，忽然头顶上掠过一阵隆隆声，屋子震动起来，紧接着，北边不远处响起巨大的爆炸声，气浪冲击得小屋一阵猛抖。我们推开北窗，爆炸的方向一片红光，就听得有人喊："飞机爆炸了！"我们立刻冲出门往那儿跑，到了现场，看到不可思议的一幕：麦地里，一架战斗机机头朝下，几乎垂直插在被它砸出的一个巨大的坑里，机身后半段已炸飞,火还在燃烧。机头前方一百米处是个村庄。一个当过兵的村民在坑边一遍一遍地对别人说,飞行员是为了保护村庄,硬将失事的飞机拉下来的!

我们到后不一会儿,部队的人来了。后来我听人说,有两个部队的人,一来就"熟门熟路"在黑暗的麦地里找到了两个失事飞行员的手枪。据说,要不是他们还找到一只被炸飞的皮手套,里面残留着几节手指,那两个飞行员就尸骨全无了。

此后好长一段日子,我心里老惦记着的,是那两把手枪。当我得知我和许建平到达现场时,那两把手枪就躺在麦地里,和我如此接近,我完全有机会捡到它们,想到这个,我甚至为自己错过了它们心生懊恼,更无法控制自己的遐想。好多个夜晚,我在想象中重回那儿,捡到了手枪,这一幕令我的脑神经异常兴奋。但是,在我无尽的遐想里,多半内容是关于捡到手枪后,将它藏在哪儿。这其实是在告诉自己,手枪即使真的出现在我面前,我也未必敢将它带回家。

那晚我带回知青屋的是几片飞机的残骸,我怀着莫名的敬畏之心在失事地捡了它们,仿佛荣获几块天外之物。

即使有人告诉我要等到十八年后才能第一次坐上飞机,三十三年后才能摸到一把真正的手枪(77式),在当时对我来说也不可想象和期待。

当年知青也有一些好差事,如当代课老师、当土记者、参加公社毛泽东思想文艺宣传小分队、看守"犯人"等。我最羡慕的是最后一种。住我隔壁的插兄李益民当过看守,他们被派去看守的,是个"赤脚医生",有人检举他和多名妇女搞腐化。虽然他本人和所有涉事妇女都矢口否认，但他还是被关押受审。像这种公社的审查是无限期的，受审人被关一年半载是常事，被派去当看守的知青就享清福了，不用下地干活儿，每天记工分，还拿补贴。但李益民只去了一个多月，就带着行李从看守地（公社预制板厂）回来了，他怏怏不乐地告诉我们，那个人"畏罪自杀"了。前一天晚上，他乘隙跑进木工车间，在电锯上自剖头颅。

这件事令我匪夷所思的是，那个人到底有没有搞腐化？如果有，为什么拒不承认？难道承认搞腐化，比在电锯上自剖头颅还要难吗？即使他也是宁死不屈，但不能和舍生取义的烈士相提并论。如果他没搞腐化，"含冤而死"，尚可理解，但这种可能性极小。据李益民说，他老婆多年前就曾为他的生活作风问题和他闹过，但当老公真的被检举关押后，老婆立刻改口了。他是在向那些各怀理由维护他的涉事女人，以死谢罪吧。如果他被检举的是"反革命"问题，他这样去死就好理解得多，"文革"后为他平反也光彩。

若按邓叔叔的思维方式，回顾插队落户期间对我个人成长影响最深刻的事，必是挑大粪那一幕，但要我自己说，则既不是挑大粪，也不是上述惊心动魄的见闻，而是一些可能不值一提的日常交往。不必说，我在乡下交了一些新朋友，彼此相处甚欢，如李益民、许建平、陆黎亚、戴惠忠、戴维民等，但我发现，人际关系中最具影响力的，往往不是友谊。单纯的友谊甚至很容易被忽视，它几乎与生俱来，伴随着我们的成长，好比亲情、空气和食物。我想说的是，在我插队落户期间，我的人际关系里出现了一些新元素，消化这些元素是我在乡下得到的最有价值的锻炼。

事实上,在乡下两年间,我接触到了以后在工作和生活中最难让你忽视的几种人,我未来在人际关系方面的际遇,简单地说,几乎都是插队落户期间的某种翻版。

高军是我们那批赴曹王的知青中最吸引我注意力的,他来自嘉定一中,之前我已知道他。事实上高军当时在本地学生中已比较有名,他是嘉一中文艺宣传队的男一号,经常在舞台上表演小提琴独奏。虽说当年嘉一中的文艺宣传队在整体实力上不如我们城一中,但高军个人的才华和影响力明显盖过张为民等人。那天我特别注意他,还因为他和一个女同学的关系。用今天的话来讲,高军和吴烨,是当年嘉一中文艺宣传队的"金童玉女",吴烨是队里的女一号,能歌善舞,容貌姣好。当年异性同学之间谈恋爱非常少,公开的没有,我们所知的唯有他们俩,不仅公开,得到双方父母的认可,而且还大张旗鼓地一起去曹王插队落户。他们俩是那天公社为我们召开的欢迎会上的绝对主角,公社的一位女领导还点名叫高军发言,显然对他有所了解。高军的反应让我吃了一惊,他丝毫没有推托,摆出沉思的样子稍顿片刻,就对着话筒讲了起来。他的表现非常老练、高调,似乎知道自己必是这种场合的主角,时刻作好准备抛头露面。说实话,若是领导在这种场合点到我的名,我不知会慌张成什么样。我压根儿就从没想过这种可能性。那天我就感到,高军是个自我感觉非常好的人。

我承认,下乡后有一个阶段,我对高军激烈的反感中有一点妒忌。我也是个自命不凡的人,但我那时一点不被人注意,和高军相比简直是两个世界的人。高军一下乡就进了公社文艺宣传队，经常出入公社大院，很少下地干活儿。当邓叔叔看到我在船上挑大粪时，高军已是曹王最出名的知青之一。由于他和吴烨的加入，曹王文艺宣传队在县里的知名度也有所提高。才貌双全的吴烨还是他的女朋友。更令人吃惊的是，不久他竟和吴烨分手了，身边出现了宣传队里另一位叫白红萍的女演员的身影。吴烨和白红萍，是当年曹王文艺宣传队里最漂亮的两位女演员，当我们还只知道在漂亮女同学面前自惭形秽时，高军已懂得赢得她们的芳心。

我有时会忍不住在朋友面前流露对高军的反感，有好几次，我对在宣传队里吹笛子的许建平说："他太自以为了不起了吧！你看他，在哪儿都像在舞台上，好像人家都看着他，万众瞩目。在马路上走着，也好像手里拿着琴，眼睛看着天空，一条手臂摆来摆去，腔调十足，有这个必要吗？真是做作、浅薄。"

后来，我想不起为了一件什么事，我和高军的关系一下子密切起来。可能是民兵值班，我和他分在一组，那晚任务完成后，高军邀请我去他的住所吃夜宵。他告诉我，他会做"红糖塌饼"，"吃过的人都说从来没有吃过这么好吃的塌饼"。高军落户的生产队和我落户的戴家宅只相隔一条马路。到了他的小屋后，高军就开始做红糖塌饼。结果发生了一点意外，我的口腔不慎被塌饼里包着的红糖水烫出一个血泡，顷刻间血泡越滚越大，感觉要堵塞喉咙口，令我窒息。高军及时去村民家借来一根引线，在火上烤了烤，帮我挑破了血泡。当时的情形，我们俩真像一对亲密无间、患难与共的好兄弟。

那晚高军和我的谈话，依然是一贯的高调，比如他对我说：

"十年后，你是中国著名的小说家，我是中国著名的音乐家。"我很清楚上句是敷衍，下句才是他要说的，但我当时并不反感，倒是被他说得有点羞怯、兴奋。

不久国家恢复高考，我考上了大学，高军则参军当了文艺兵，从此我和他再无联系。但和高军那一段短暂的交往，给我的印象深刻、长久。我从中收获的最有益的一条经验是，距离是影响人际关系的一个重要因素。我从此明白，不要太相信对他人的最初印象，它往往会因彼此空间距离的变化而轻而易举地被改变。我对高军最初的基本认识，在和他近距离交往后依然存在，但对他敌视、排斥的态度，一夜间化为乌有。说起来，那晚高军的红糖塌饼还令我惊吓出一身冷汗，但距离改变了一切。

三十多年来，我遇到过不少才华横溢、自命不凡的家伙。是高军最早教给我如何面对天才级的人物，如何在天才面前约束妒忌心和控制自卑情绪。高军也像一面镜子，照出了我的平凡之处。我和多数人一样，从小怕难为情，众目睽睽的舞台和竞技活动特别容易令我怯场。但我也有不同凡响的才华，并从小就发现了表现它的方式。即使在写作毫无出路的年代，我对它也深怀与生俱来般的热情，因为，没有什么比写作更具个体性和私密性、它的成果又能流芳百世的了。

高军在田间劳动时都能让人注意到他的样子（不时摆动的两手、摇晃的身体和扬起的头颅）像是在拉琴，与此相反，没人知道我在下乡期间写出了此生的第一部小说。我写了一个爱情故事，主角是地主的儿子和贫农的女儿。这部小说不仅不可能公开发表，我在私下里也不敢示人，写作的过程充满娱乐性和冒险性。小说稿在离开乡下的前夜被我付之一炬。

吴烨和白红萍的命运截然不同。白红萍后来步入仕途,官越做越大,几年前升至副厅。吴烨和高军分手后,谈了几次恋爱都没成,其中一次谈了几年,到该结婚时被对方甩了。后来她嫁的人倒也不错,相貌堂堂,在银行工作,但她没福气,上世纪90年代中期死于癌症。吴烨是我见过的第一个才女,什么活儿一学就会,一会就专,在乡下时除了当演员,还当过土记者、播音员、代课老师等,公社的黑板报是她和许建平出的,她还曾代表曹王参加全县民兵射击大比武。红颜薄命,是何原因?

小宝,戴家宅生产队队长,我参加工作后的第一个领导。小宝虽然只是生产队长,但他身上有作为领导的足够的权威。其实小宝的权力也不小,戴家宅有一百多户人家,几百口人,农忙时田埂上挑稻挑麦子的队伍可谓浩浩荡荡。小宝是个好队长,待我也不错,但他一定不知道,作为一队之长,他的强悍、号召力和沉默寡言,给一个柔弱的知青心理上造成很大的压力。从小宝身上,我最初直接感受到"权威的阴影"。如果哪天小宝去大队或公社开会,全村都会松一口气,但可恨的是他经常有会不去开,宁可留在村里带领社员出工。

戴良,生产队副队长的弟弟,比我还小两岁,他念完初中后就回队里参加劳动。他那时似乎还未发育或发育不良,人很矮小。这是个像小鬼一样机灵、刻薄的孩子,虽然站在人群里非常不起眼,但我的眼睛和他一对上,心里就有一种被吓一跳的感觉。他很快成为戴家宅几百号人里我最不愿看到的人。现在我们都懂得,互相尊重隐私是人际关系的基本准则,但生活中总有一种人，我打个刻薄的比方，他们的行为和趣味好比闻腥而动的苍蝇。戴良是最早给我这种印象的人。因为我是外来户，在他狭隘的眼睛里，我身上有太多不堪入目的东西，其中有的的确是我一贯刻意掩饰的。我也不知道为什么，对来自戴良的种种挑剔、揭短和讥笑，我几乎完全没有招架之力。恼羞成怒的我也不敢动手揍他，毕竟这是在他的地盘，他的哥哥是生产队副队长，他家三代贫农的成分也令我有所忌惮。

有一件事要不要写，令我颇费踌躇。但行文至此，也不容我犹豫了。有一天晚上，公社礼堂放映我喜欢的电影《英雄儿女》，我一个人去买了张票。进入礼堂后，坐在我旁座的一个眼熟的农村姑娘令我心里一震。其实我谈不上认识她，不知道她姓甚名谁，我只知道她是曹王镇附近一个生产队的，我曾随"插兄"去那儿串过门，在村里碰到过她，此后也曾在曹王镇街上遇见过她几次。她身上有什么东西打动了我，令我记住了她，对她产生了关注。那一刻，我心里怀着惊喜，在两排座位间的夹道里靠近她时，眼睛不由得盯着她。她给我让道时也抬头看了我一眼，从她对我的一瞥，我相信她对我也不陌生。说实话，那场《英雄儿女》我没看好，而且觉得时间过得特别快。我从没和她打过招呼，当时我似乎在考虑电影散场时要和她道个别。为此我还特别注意她的手，似乎准备在礼堂里亮灯前一刻，主动伸过手去捏捏她的手，用这种方式和她道别，同时也算弥补一个错过的招呼。我真的敢这么做的话，对我来说是一个奇迹。但在今天看来特别不可思议的是，即使我准备创造一个奇迹，我也没打算和她说一句话。和她说一句话，比创造一个奇迹更难吗？我觉得是这样，我开不出口。我能和她说什么呢？我和她是什么关系？虽然我对她格外关注，但我不可能认为这是爱情。在我当时的年龄和处境，对女性的关注远比对她们的爱情更现实和更需要。即使我和她是一见钟情，我也明白这事不可能有发展：首先她看来要比我大几岁（后来证实大四岁）；其次，在当时找一个农村户口的配偶，意味着你永远放弃回城的机会，对此我根本不敢想。在那种情况下突兀地捏一下你所热切关注的伊人的手，却也许是可以得到理解的。

我瞅准了机会，但我的手到底有没有放下去呢？

基于上述理由，我在此就不作交代了。

1977年10月，国家教育部宣布恢复高考。我回家复习了一个多月，12月10日上午，我走进位于南门老街的城四中考场。连续考了两天。第一天考的是政治和语文，第二天是数学和史地。我还清楚地记得那篇作文的题目：《我在这战斗的一年里》。我得到录取消息是在盐铁河开河工地上。头天听说高考即将发榜，我曾坐在我挖掘的那段河坡上呆想，也许这是我在乡下的最后一天。在乡下虽只待了两年，但那些日子真是漫长。在开河工地上我学会的最大的本领，是根据太阳的位置目测时间，误差不会超过五分钟。

回顾"我在这战斗的两年里"，我最拿得出手来向父母交代的，是年终那张印着毛主席语录的红色分配单，我保存至今，也给儿子看过，2008年还上过《档案春秋》杂志。我第一年实得的收入是92元1角2分，拿到钱后，我给爱喝酒的父亲买了一瓶西凤酒，余下的钱都交给了母亲。

11 陌生的面孔：压抑与自我

1978年2月27日，父亲向单位借了一辆面包车，送我去上海师范学院（后改为上海师范大学）中文系报到。一起送我的还有弟弟和同学沈为。上海师大的校园比坐落于我们嘉定南门环城河北岸的上海科技大学的校园大得多，也更漂亮，这不仅令我感到振奋，也令我父亲一脸庄重，临别时以少有的教训口吻对我说："国家给了你这么好的学习环境和条件，要珍惜啊。"

有个情况我曾深以为奇，我从上世纪80年代中期开始写作至今，题材大量涉及六一新村、曹王乡、安亭师范、嘉定镇等我经历的方方面面，唯独极少触及上海师大。我可以肯定地说我并无任何保存这部分素材以待将来使用的计划，应该说我在潜意识里回避了它。我现在去想这件事，能体味到的是，我似乎始终觉得自己还没准备好去写我的大学。

1978年的大学，尤其对许多小年龄新生来说，最不寻常的是身边一下子出现那么多爱好相同、特长突出、阅历丰富的聪明人。在这个集体里，我年龄最小，基础最差。我们班最年长的大我十三岁。记得只念了一年本科就连跳数级考上研究生的沈广仁都说："进了这个班，发现自己水平很差。"在小学和中学，我的作文经常被老师当作范文讲评，进入大学，在交上第一篇作文后，我还习惯性地期待老师的讲评课。说实话，写作老师水平很高,他的课令人耳目一新,但尴尬的是,直到大二写作课程结束,我的作文都未得到过一次老师的青睐,倒是频频出现在他尖锐、辛辣、不点名的批评里。在这个集体里,我发现自己的口才也很差,私下里我似乎还算健谈,但当需要起身或上台作正式发言时,我的脑子里就一片空白。

在上海师大中文系七七级毕业二十年纪念活动上,我被点名上台发表感言,我站上去说:"此刻我在这个台上站一站,远比讲什么重要,因为二十年前,由于自己年轻和胆小,我永远是坐在台下倾听班长许建山、才子陈五云等同学讲话。"

年长我四岁的陆伟民(上海师大中文系七八级)在安亭师范和我共事时曾对我说:"大学四年很压抑,倒是在安师个性得到了舒展。"

当然我和陆伟民的怀才不遇有所不同,我在大学里似乎越来越看不到自己的才华。

和陆伟民相似的是,在安师我开始引人瞩目起来。

1978年的大学,在出现近乎真空状态十年之后,一下子吸纳、积聚了无比巨大、复杂的社会能量。那一年我们被媒体隆重地封为"天之骄子"。不仅我们自身对身临其境的状况难以适应,校方和我们的老师也难以面对。有一些"工农兵学员"出身的留校老师,年龄还比我们的同学小。即使是劫后余生的资深教授,也从没教过我们这样的学生。有一个矮个子戴眼镜的中年老师,上大班课的,对我们一向非常和气,但一次在阶梯教室监考时,他突然对我们大发雷霆。那其实是一次普通的考核,全年级在一块,监考老师也只安排一名,通常老师对这种考核睁一眼闭一眼。那位老师起初也一直笑眯眯地看着我们，他从菩萨慈眉到金刚怒目，表情的转换完全没有过程，现场 150 个同学都大吃一惊，胆小的女同学被吓坏了。

"太放肆了！"他突然拍了一下桌子，大吼一声，继而骂语不断，暴跳如雷，一声高过一声，持续了至少五分钟。在他的骂语里出现最多的是"什么玩意儿""自以为了不起""脸皮这么厚""不知羞耻"等。除了他的怒吼，全场噤声。

应该说那天考场纪律的确太不像话，许多同学不停地交头接耳，老师的批评没有错，但老师的情绪明显失控，给人崩溃的感觉。不必说，这一幕反映了当时师生之间存在的一种绝无仅有的特殊的紧张关系。

当年我初出茅庐，无论是专业知识还是人生阅历，在班里都是最浅的。当然我有远大抱负，也许也有点才华，但还不能被人了解。2009 年 4 月 11 日，从美国回沪养腿伤的沈露霞在金钟广场设宴请老同学吃饭，她和许多同学都是大学毕业后第一次见面，她见到我先是愣了一下，然后说："张旻，你比以前长高了！"我肯定没有长高一点点，只是二十七年前我在她的眼里是个小男孩。我们班的女同学都比我年长，其中张惠芬已婚。实话实说，这使这个特殊的班级对我而言甚至都没有一个基本的"可观察点"，遑论别的视角。从前在小学和中学，不论身边发生的事有多荒唐，都不觉得隔膜，但在大学，相当一部分同学给我的感觉难以接近和了解，一些活跃在台上的同学，更像来自另一个世界。也许他们真正令我难以企及的，并非学问上的高度，但当年这个问题几乎完全被"身高"的困惑所遮蔽，令我失语。

这是我从未遇到过的班级和年级。无从牵挂,这是大学留给我的一个最奇怪的印象。通常,我们从上小学起就开始对自己所在的学校和班级产生某些牵挂,这些牵挂在人心里形成了关于校园的不同的图景和某种秩序,离开很久以后还会对它魂系梦回。不承想,四年后,我打好行李,独自离开那儿时,比当年离开乡下简单得多。我成为小说家后,都未能以虚构的名义重返桂林路10号。从根本上说,关于我的大学,我主观上始终有所排斥,客观上,我和它之间的距离和隔膜,并不以我的意志为转移。似乎在我的大学"秩序册"里,一切都不足道……我不知道该怎么说——其实该说的都已说了。

不过,我这么说并不意味着我否定大学时期的友谊。

我的大学友谊,竟和死亡话题有关。在上大学之前,插队落户期间,我身上曾出现过一个可怕的状况。一天中午,我在我的小屋里从瞌睡中惊醒,两眼瞪着天花板,人一下子从床上竖起来。那一刻,我有生以来第一次听到一个声音在对自己说:你是要死的。我恐怖得头发竖起,吓得赶紧下床跑到屋外去。从此以后,这个声音仿佛鬼魂附体,常会冷不丁冒出来,防不胜防,奇怪的是,它多半出现在午睡中。那一瞬间,生命和死神如此贴近,感觉如万箭穿心,万念俱灰。现在我已知道,这是青春期的一种正常反应,但它不是在每个人身上都会出现。我曾试探性地对许建平及其他一两个好友提起过这种状况,但他们反应淡然,显然对此都没有体会。这既令我有所失望,同时又让我感觉到自己和他人之间的区别,由此竟生出一点优越感来。

所以,当在大学里和同龄同学胡宗亘之间在这个话题上一拍即合,我们俩立刻就成为气味相投的"密友"。有一阵子,我们经常游离于集体之外,悄然而兴奋地大谈死亡话题。我们将那个引起彼此共鸣的恐怖瞬间无穷放大,大谈特谈,语气和表情里竟都洋溢着惊喜。对一个令人不寒而栗的噩梦的谈论,由于发现彼此体验一致,竟变成一件充满惊喜的事。尤其是胡宗亘,交谈中常因情绪激动而哈哈大笑,惊动周边的同学。如果我和胡宗亘是在路上边走边谈,我必须时时用一个肩膀撑住他不断挤过来的肩膀。也有同学了解到我们兴高采烈地在谈论什么,他们奇怪地瞥我们一眼,似乎不知道说我们什么好,因为我们的状态都不能算"无病呻吟"。

今天我知道那是一种什么状态吗?我相信那不是应该受到鄙视的无意义状态。我们的样子有些白痴,口才不吸引人,交谈的话题远非时代"主旋律",但是毋庸置疑,我们当时的状态,其实反映了自身在成长过程中的一种"觉醒"——对于生死问题有了主观认知,由生意识到死,由死确认生。我们不厌其烦地交流的,与其说是对于死亡的恐惧、对于生命的无望,不如说是对于人生奥秘的感悟。正是在这一点上,我们释放出巨大的生命能量,表现出匪夷所思的激情和欢乐,并彼此引为知己。

我和胡宗亘大概都属于有点早慧、早熟的人,所谓"少年老成"。比较而言,我的敏感更侧重于内心,胡宗亘则对外部世界更多一些在意。在日常行为和生活态度上,胡宗亘看上去是个懒散之人,不爱活动,不太讲卫生,在学校,他肯定比任何一个同学待在床上的时间都长。给班里每个同学都取了绰号的蔡鹰扬叫胡宗亘"颓废派"。但其实胡宗亘是非常有上进心的,只是在

1980年代初他更需要等待。胡宗亘其实有比我多得多的正统观念，尤其在传统的伦理道德方面，这和他身上叛逆的成分一样明显。我的上进心则是别人一目了然的，因为，与胡宗亘不同，我每晚都去教室找位子学习到很晚，早晨又早起背诵外语单词。数年如一日，我勤奋，爱干净，喜欢秩序井然的生活。

死亡话题开启了我们的心智，同时促进我们独辟蹊径、别有心得地去解读当时开始大量接触的文学作品，特别是一些比较难懂的世界名著，如《红与黑》《包法利夫人》《哈姆莱特》《复活》《罪与罚》等。今天我已无法记起当年我们私底下发表的一些"谬论"，虽然它们不比老师的解读高明，难登大雅之堂，但和老师昂扬高调的风格和社会批判的思路泾渭分明。今天看来我们的"灰色论调"侧重于人性和文学，应有一定的价值，尤其是对我自己日后写小说非常有益。

胡宗亘后来也写过小说，但不爱活动的他反而不适应写作需要的长时间静坐和由始至终的耐心。他的几次写作均告半途而废，以后便彻底放弃了这项尝试。胡宗亘如今是沪上知名地产专家，也有媒体称他为著名地产评论员、咨询师，经常在上海电视第一财经频道露面，他对地产的评论向以观点泼辣、独树一帜著称。

正如胡宗亘出人意料地以地产专家闻名于世一样，说句大言不惭的话，今天由我代表上海师大中文系七七级的"最高文学成就"，也是当年最令人想不到的一件事。当然我现在说这话最好要加上一个注解：二十多年来，我是我们年级唯一始终在写小说的人。

回顾我在大学的四年，我觉得自己在校园里有点像个影子。除了和胡宗亘、蔡鹰扬等人有所来往，更多时间我独来独往。白天及晚上十二点之前我很少出现在寝室里。我最喜欢的时间是周六晚上，那时寝室里的同学都回家了，通常晚饭后我独自去漕河泾镇上看场电影，然后回寝室享受独处的时光。熄灯后我还要点上蜡烛，在烛光下写点日记，给朋友写封信，看看书，那感觉竟是说不出的孤独而快乐。

在大学里我总是在寻找独处的机会：早晨寻找背诵外语单词的僻静处；晚上匆匆用过晚餐，赶去抢占阶梯教室角落的位子；没课的日子，白天也一早跑出去寻找空教室，甚至经常一个人跑到学校附近的桂林公园和康健公园，平常那儿游人很少。

一次，我坐在康健公园茶室的窗边，三五个中学生模样的女孩从窗外的回廊上走过，她们忽然隔着敞开的窗户在我面前站住，其中一个探过头来盯着我摊开在桌上的稿纸，竟开口对我说话："写的什么啊？失恋了？"我大吃一惊，一下不知所措。在公共场所，被几个年龄比我小的陌生女孩主动"挑衅"，这种情况我此生还只碰到过那一次。我愣了片刻，回过神来后，出其不意地说："你们是上师大附中的，今天为什么不去学校？我认识你们老师的。""吹牛不打草稿。"她们回答。我的确在上海师大附中见习过，就对她们说了附中几个领导和老师的名字。"我还在你们学校当过老师。"我告诉她们。"妈呀，他真的认识我们的老师。"她们就一哄而散了。

另一次，也是在康健公园，我趴在露天的一张石桌上写什么，印象中满地是梧桐树上掉下的宽大焦黄的叶子。后来来了一对恋人，在我左侧十来米处的一把长椅上坐下，立刻就拥抱在一起。接着他们俩开始接吻，这是一个我从未见过、以后也再未见过的热吻、长吻，直到天色暗下来两人起身离开，他们的嘴始终没有分开过。他们只是在接吻中变换了几个姿势：女的由坐着，到转过身仰靠在男人怀里，到最后仰躺在男人腿上。女人躺下后，男人一只手还从她毛衣底下伸进去，放在她胸上。照理我应该迅速离开那儿，但我给自己找了一个留下的理由：是我先在这儿的，他们后来，凭什么我要让开。我没法再专心写东西了，时不时侧过头去看看他们。其实我没必要作偷看状，想看就睁大眼睛看，因为他们俩完全沉醉于接吻，闭着眼睛，旁若无人。何况，还是那句话，是他们自己跑到我眼前来的。

上大学期间我对独处的渴望，明显超过我在乡下的两年。持久而简单地喜欢一个人待着，这种情况在以后也从未发生过。可以肯定的是，在大学那几年我和集体的关系出现了问题。这似乎有些奇怪，因为乡下的环境照理更不适合我。在写这篇文章时我总觉得绕不过这个问题，并不是我完全找不到原因，而是我绞尽脑汁想找一个透彻而合适的说法。我在前文使用了"隔膜"这个词，其实它也不尽恰当——不是够不够分量的问题。

总之好比"生活在别处"，我经常一个人跑开去，或者躲起来。我发现自己在陌生的环境和陌生的人群里悠游自在。在大三的暑假，我一个人跑去山东。更多时候我的独处没有目的，对别人也讲不出有多少乐趣（上述两件乐事纯属偶遇）。有时，我坐在行驶在郊区的公交车上，远远望见田野间一座孤零零的小房子，我都会情不自禁地对它产生遐想和向往。今天我可以说，这既不是病态的自闭行为,也非矫情的刻意为之,而是一种也许不算普遍的生命常态。孤独是我那时最爱、最需要的状态,我从孤独中获得养分,阅读、观察、体验,慢慢感受生命的滋味,丰富和成长着,这是毋庸置疑的。

我在大学的四年,1978年至1982年,中国社会发生着巨大的变化,但我的生活中几乎没有报纸、电台和电视。我一头扎在经典的文学世界里,可谓"一心只读圣贤书,两耳不闻窗外事"。就连当时国内文坛上发生着的大事也未引起我的关心。四年间我几乎没有翻阅过一本当代文学刊物,唯一仔细读过的当代作家的作品是印在考卷上的王蒙的短篇小说《夜之眼》。学校的午间广播曾播出过另一位新时期作家的一篇爱情小说,我在食堂用餐时聆听过其中一段情节,大意是说一对相爱的男女青年,他们每天约会的地点是学校阅览室,约会的内容是像"海绵吸水"一样汲取知识,有时他们抬起头相望一眼,仿佛充电似的从对方眼里获得力量,埋下头继续看书。当时我虽没谈过恋爱,但也敢斗胆怀疑作者的恋爱经验,他似乎是在按老夫老妻间相敬如宾的模式,去诠释青年男女之间的爱情萌动,典型的观念化描写,味道怪怪的。对那个时期的作家作品,我是直到大学毕业、去安亭师范工作后才开始重点阅读,甚至包括遇罗克之妹遇罗锦1980年发表于《当代》的那部引起巨大争议的"离经叛道"之作,《一个冬天的童话》。当然我和那些文学事件所对应的价值观念的嬗变并非毫无关系,只是我通过对经典的阅读,从人类文化源远流长的丰厚积淀中汲取思想和精神的养料。那个年代有个罕见而有趣的文学现象(其实何止在文学领域):在新华书店里如雨后春笋般出现的那些20世纪二三十年代,以至19、18世纪的欧美小说,在我们这一代眼里都是闻所未闻的"新作"。刚进大学时,我们看过一部中文系学生被允许观看的"资料片",根据托尔斯泰的长篇小说《复活》改编的同名电影,这虽是一部老片子,但我们的感觉却需要用无比新鲜、无比震撼来形容和概括。甚至有个大龄同学,在看了这部片子后,竟出人意料地模仿涅赫留多夫伯爵,犯了一个荒诞的错误,受到学校处分。

大学四年,我过得既压抑,又非常自我。很奇怪,即使在我父亲被打倒、母亲受"隔离审查"的日子,我也没感受到上大学后的那种压抑;而即使在我以写作为主要生活方式后,我的个人状态也远没有上大学时那么自我。

在我的印象中,这是那个时代最富特征的一面。

这么说便也不奇怪,上大学后,我开始和中学时代的女同学有了接触。先是我们班的同学搞了一次返校聚会。在校期间我不是班干部,甚至不是"红卫兵",不过对这次老同学聚会我起了骨干作用。以前从不说话的男女同学,这次在老教室碰面后开始互相打招呼;以前从没拍过班级照,这次男女同学一起在音乐教室(今天的秋霞圃碧梧轩)前、教学楼下以及学校大门口拍了合影。

接着,聚会过后,一个周末的晚上,我竟独自登门拜访了一个女同学。那时家里没有电话,当我按照同学聚会时得到的通讯录上的地址找到她家、出现在她面前时,她自然是非常吃惊,睁大眼睛说:"是你啊!"我有准备地回答:"是我,没想到吧。我有事请你帮忙。"我的确带了一件事去找她。在那次同学聚会上,这位女同学曾提到她最近因工作需要在学习英文打字,当时我就对她说,那以后有需要就请你帮忙。她说,可以啊,有东西你就拿来。临别时她还大大方方地邀请我们几个男同学有空去她家玩。那晚我就在她家里拿出了一本在福州路外文书店二楼买的原版欧美小说集,我告诉她,我已将其中一篇译成中文,打算投稿,因为译文投稿必须附上原文,所以请她帮忙打印。我并没有说谎,我的确翻译了那篇小说,但我在她面前心虚的感觉像是在说谎。还好她始终微笑地看着我,听我说完后就爽快地回答:"好的,没问题。"

那晚她的家人都在,我尽管心虚却无所畏惧。后来每当回想这一幕,我都惊讶于自己的唐突。

在大学毕业前夕,我向一位在市区上大学的中学女同学发出了访问我的大学的邀请。当然同时我也邀请了待人热情的好友范欣。1982年1月的一个周末,我和先行抵达的范欣在上海师大门前43路终点站迎候女同学的到来。当女同学从公共汽车上跳下来的身影映入眼帘,我觉得这真是"划时代的一刻",脸上泛起了微含红晕的笑容。那天上午,我和范欣殷勤地陪同女同学参观了上海师大校园和我的寝室,然后在学生食堂共进午餐。下午,我们陪女同学去学校附近的桂林公园和康健公园游览。爱好摄影的范欣那天为即将毕业的我拍了一些照片留念,同时,在康健公园,在范欣的提议下,他使用三脚架,为我们三人照了一张合影。

显而易见的是,通过这些活动,我弥补了中学时代人际关系方面的缺失。同时我发现,虽然在中学阶段男女同学之间没有语言交流，但彼此在心理上并不陌生、疏远，一旦交谈，老同学之间的亲切感溢于言表。从那以后我和小学、中学女同学之间一直有来往，和其中几位早就成为好朋友。

在那个年代，我的上述行为通常会被误读。其实，不要说登门拜访和邀请女同学做客，就是给某人写情书，也往往"似是而非"。当年我的确写过一封情书，密密麻麻写了七八页信纸。在写这封情书的前一天，我偶然读了郁达夫在上世纪二三十年代写给王映霞的情书集，《达夫书简——致王映霞》。后来我理解，正如在我们的成长中缺失女同学一样，我们更缺失"情话表达"。生活中没有，而在文艺作品里，我上高中时看到的唯一一句"情话"，是《青春之歌》里江华对林道静说的那句革命者的求爱名言："我想问问你，我们的关系能不能比同志更进一步？"这句情话我还是偷看来的，因为《青春之歌》在当年是禁书。我上大学后，我们年级有个大龄同学，他因为和女朋友分手遭到舆论谴责，被骂陈世美，差点受处分，而他自己告诉组织，他和女朋友谈恋爱五年，连她的手都没碰过一下。郁达夫的那些旧情书的再版，对我们这一代的成长来说竟成为真正填补空白之作。那个晚上，这本书简令我读得心潮澎湃，夜不能寐，在我内心激起强烈的反响。第二天晚上我就写了那封情书，信中充满了郁达夫式的绵长而炽热的语句。当然，信是写给谁的，有没有寄出，在此不说无妨。

大学毕业后没几年，我和大学同学之间就基本没联系了。1994年，我们班搞过一次返校聚会，我因为在广州出差而没参加（那年我被广东省作协慷慨地招聘为签约作家，另有江苏的韩东、浙江的余华、广西的东西和北京的陈染）。2002年，2007年，我们年级先后举办了一次毕业二十周年纪念活动和一次高考三十周年纪念活动，我都参加了。接着，2008年5月，沈广仁从新加坡回沪，在复旦大学交流演出由他改编并导演的英语版音乐剧《西厢记》。在演出前一晚，沈广仁请老同学吃饭。到场的同学都是自1982年毕业以来第一次见到沈广仁，但班长许建山对沈广仁说，你一点没变。我在旁边脱口而出，一点没变是不可能的。

许建山认真、诚恳地回答我："张旻，你可能认为我是在对沈广仁说恭维话，其实不是的，我真的觉得我们的同学都没变。"

我愣了一下，然后，我相信班长的话，他表达的一定是他的真情实感。

那么我和班长的感觉为什么差别这么大呢？事后我分析，我和班长的这一感觉上的差别，从根本上说反映的是当年我们之间在年龄、阅历、洞察力等方面的差异。班长是个有远见的人，这是当年他作为班长令全班同学一致信服的主要原因，只是并非人人都能意识到。他的远见令我们叹为观止的事发生在1992年，那年班长用他的全部积蓄购买了100张股票认购证。对这样一位有远见卓识的人来说，老同学二十年后的变化，自然不会令他觉得意外，相对于他的预见，他说"一点没变"应在情理中。

而在我看来，同学们一个个都有一张陌生的面孔。

12 时代话题

1982年初，我从上海师大毕业，经过一番周折，被分配至安亭师范学校当老师。在1980年代，大学毕业生完全由国家统一分配，自己做不了主。具体的分配权在大学和地方两级。其中有一些在今天看来十分可笑的规定，如郊区来的同学只能回郊区工作，来自多子女家庭的毕业生则会被优先考虑支援外地，等等。分配工作的过程对当事人保密，普通毕业生只能被动地等待"宣布"和"通知"。不必说，这种工作方法本身就极具"黑箱操作"的性质，与它配合的宣传口号是"响应祖国号召，服从组织分配"。对许多毕业生来说，分配年就是他们的噩梦年。我们班有个女生，在辅导员宣布分配去向时情绪失控，吞服了过量安眠药，所幸抢救及时生命无虞。我的分配也一波三折。我们系负责分配工作的党总支书记当时为同学们耳熟能详的一句名言是："我们把你摆过来、摆过去，为你动足了脑筋……"地方上的情况同样如此。当然，我写这本书并不是为了替谁申冤或泄私愤，这个话题就此打住。

我去安师上班后，第一个周末回到家，父亲对我说："现在你能自食其力了，我们的任务完成了，可以去见马克思了。"

我回答："你瞎说什么。"

对于我的成长，父亲只发表过两次简短的感慨，这是一次。

另一次在我三十岁生日那天,父亲对我说:"你都三十岁了。"

我问:"那又怎样?"

父亲说:"真希望你永远不要到三十岁。"

父亲平常很少对孩子流露感情,因此那两次相隔数年的对我"自食其力"和"年满三十"的感慨,都给我印象很深,只是其中的感情因素给我的反应不同,前者让我有些莫名的排斥,后者令我怦然心动。不必说,父亲对儿子的成长充满喜悦,但他的话里总是含有悲感。

"去见马克思。"

"永远不要到三十岁。"

在儿子的而立之年,父亲似乎感觉到"去见马克思"的日子临近了。果然,在我那次生日后不到三年,父亲因病去世,享年六十六岁。

在父亲去世前,他的孙子和孙女都已出生,这对晚年的父亲是极大的乐事和安慰。

我的恋爱是典型的一见钟情。在安师工作两年后,1984年3月7日的下午,我在朋友魏滨海家里第一次见到了我老婆。这是一次有意安排的会面。由于我以前一贯立场坚定地反对这种形式,因此这次的欣然接受,在态度上似乎已准备对对方"一见钟情"。事实确也如此,准确地说,在对方出现在门口的一刻,我已毫无保留地接受了她。我从房间里扭过脸去看她,竟忘了及时礼貌地起立。我老婆身材高挑、容貌秀丽、神情温婉,一头秀发垂至腰际。那个下午,几乎是我一人独白,夸夸其谈,我的朋友有意附和着我。

当时我老婆在离城十多里路的徐行中学教书,在送她去汽车站时,路过嘉露西餐社,我本想留她一起吃晚饭,但她说已在学校食堂蒸了饭。送她上车后,我立刻返回滨海家,告之我"非常满意"。紧跟着我又兴高采烈地去了另一位好朋友家。"我决定了!"我对他这么说,似乎他正在等着我的"喜报"。

在接下来的几周内,我经历了诸多人生"第一次":第一次单独和一个女孩子约会(在我和弟弟的住处);第一次单独请女孩子吃饭(在嘉露西餐社);第一次单独陪女孩子游园(嘉定汇龙潭)和作短途旅行(青浦朱家角);第一次……次年一月份,在我老婆生日那天,我们去民政局登了记。这期间,主动谈我的爱情和我老婆,成为我与朋友谈话中必做的功课,我对每一个朋友表扬、赞美我的老婆,以致一贯比较有耐心听我说话的老朋友许建平也烦了,说我"谈老婆像在写小说"。

今天回顾当年热恋的情形,我恐怕是有点反应过度,尤其在旁人看来,我言行中的主观色彩和夸大其词十分明显。无论如何,我当时对老婆的认识应该都会有局限性,我也难以预见我们的婚姻将天长地久。我没有火眼金睛。何况,爱情毕竟是一件私事,为什么要四处张扬呢?今天我给出的答案是,当年自己对爱情四处张扬,唯恐别人不知,这种情况,应和从小到大所受到的禁忌与压抑有关。

由此,虽然我在思想上一贯排斥"媒妁之言",事实上这种简单明了、直奔主题的方式却最适合我当年的状态。

我孤注一掷的态度和行为明显具有一定的冒险性,由于我的过度表现，我的恋爱和婚姻很容易成为一场贻笑大方的闹剧。所幸我运气好，那样糟糕的事并未发生。我真的遇上了一场可以天长地久的婚姻，在近二十六年后的今天，我甚至还提前为"来世"向老婆求了婚，并取得她的同意，只是她要求我来世换个职业。这是当然的，如果有来世，我一定要投笔从戎，进入军界。如前所述，参军是我在1977年报考大学的同时所作的另一项选择，我此生没再有过别的选择。

我们的儿子生于1989年5月5日，这个日子比预产期提早了两周。父亲得到消息，赶来妇保院看孙子，当护士将孩子抱到他面前时，他满脸笑容，双眼含泪。当时父亲的身体已经很不好，肺气肿令他呼吸困难，行动不便，但孙子出生后，他每天都来妇保院探视，孙子出院后，在我老婆坐月子不便出门的几个月里，父亲也每天或隔日跑来看孙子。当时我家住在梅园新村三楼，父亲上楼很艰难，每上一层楼都得停下长喘好几次，但他乐此不疲，精神状态颇佳。

同年9月6日，我弟弟的女儿也出生了。

父亲已于1984年离休在家，母亲退休后则受聘于一家律师事务所，和以前一样忙碌，所以，两个孩子出生后，我和弟弟两家通常在周末一起带上孩子去看老人。

这一天的饭桌上总是热闹非凡，既有两个孩子的喧嚣，又有父子间发生的常常十分激烈的争论。

在我和父亲之间发生的争论，与父子感情和家庭事务完全无关。对一个家庭来说，那些争论不仅毫无意义，而且非常令人不愉快，但奇怪的是，在1980年代至1990年代初，尤其在父亲生命的最后几年，那些争论在父子间总是一触即发，难以避免。

如果说人到晚年情绪有些偏执，那么我又是为什么？

有时彼此争得面红耳赤，父亲忍不住依仗父权大喝一声："不要说了，我不要听！"

一次发生激烈的争辩后，父亲忽然放缓语气，自嘲道："我们之间的争论属于人民内部矛盾，不影响父子关系。"

那时我虽不能预见父亲将不久于人世，但父亲身体的虚弱是一目了然的，肺气肿已严重摧残他的健康，说话都显气短。那为什么每次见面我都要不依不饶、没大没小地和父亲争辩那些跟我们不相干的事呢？我那时未必不懂，对像父亲这样健康状况糟糕、呼吸困难的老人，让他免受外界刺激、保持心态平和有多重要，但每次去看望父母，我都忍不住将一些敏感话题带到饭桌上，并带有明显的倾向性。我明知父亲对此会作何反应，却无法克制自己，甚至显得乐此不疲，主动挑起争端。

从上世纪80年代起，中国社会进入转型期，价值观念发生着深刻的变化，对一些问题的认识不再像过去那么统一。和许多激进、叛逆的年轻人一样，我拥护改革开放，但对社会更多是持批判态度，我带回家的总是一些负面的信息。有时，我和父亲的分歧就在一个用词上。比如关于官场腐败，在上世纪80年代末已是一个人们议论较多的话题，父亲的态度是认定文件上使用的那个限制词：极个别。我不以为然，为此我经常有意将在外面耳闻目睹的一些腐败事例带到周末家庭的饭桌上。有的情况父亲也愿意听，但对这种现象作结论时，父子间的分歧不可调和。事实上，父亲说"极个别"，我说"很普遍"，站在我们的位置上，这种争论难有结果，没多大意思。父亲的说法有文件为依据，在他看来比我的"无稽之谈"站得住脚。

对美国我其实了解不多，我没去过那个国家，但为美国的事我和父亲之间爆发的争论最多，不知大洋彼岸的"自由女神"耳朵根有没有发烫。一些争论的话题在今天似乎热度不再，但那时父子间为此争得面红耳赤，互不相让，尤其是我，不惜严重地冒犯父威。

比如关于美国的选举，我认为体现了民主，但父亲说，美国的选举体现的是少数有钱人的民主，不是人民大众的民主，因为在美国参加选举要花很多钱，穷人是不可能有参选机会的。我诘问道：在美国，你要是没本事"发家致富"，获得一定社会地位，你凭什么参加选举要人家投你票？父亲嗤之以鼻，说：在资本主义国家，资本家是靠剥削工人起家，资本家越有钱，说明他的剥削越重，罪恶越深，他再有本事也不是为人民服务。我不屑地回敬道，你这种观念早就过时了。父亲呵斥道，你敢说马克思的理论过时了？

在父亲面前，我还经常口出狂言。一次我说："我也能当总理。"

父亲听我说出这样的话来，吃惊、愤怒到哭笑不得。他扭过脸去问母亲："老太婆，你听到他说什么了吗？"

母亲说："你们烦死了，吃一顿饭也不太平。"

父亲立刻将他的愤怒转向母亲，呵斥道："你还是个老党员，只知道吃，一点觉悟都没有。"

母亲说："他说他也能当总理，说明他有志向，有什么不好。"

我说："叫我当总理，我还不要当。"

父亲怒不可遏地冷笑道："真是无知、狂妄到了极点！"

不必说，在父亲这一阶层官员的心目中，一国总理，崇高、神圣，高不可攀，一个年轻人怎么能随便说自己也能到达那个高度！你说你能当县长、市长，父亲会嗤之以鼻，骂你不知天高地厚，但你说你能当总理，父亲骂你都不知道用什么词了。他气得发抖，叫我走开。

其实，除了在父亲面前，我在任何场合都没有说过"我也能当总理"这种话。我要是在同事、朋友面前说这种话，那不是授人以笑柄吗？爱给同学起绰号的蔡鹰扬，恐怕早就叫我"总理"了。我不仅没有说过，而且从来没有这种念头。为什么在父亲面前会这样呢？

其实，如果我对父亲说，我也能得诺贝尔奖，父亲只会一笑置之。答案就在这里：我知道什么话父亲会当真的，什么话在争辩中对对方有攻击性。

我在和父亲争辩中的种种忘乎所以和张牙舞爪，对父亲虚弱的身体肯定有雪上加霜的损害。我绝非对此视而不见，也并不满意自己，但冒犯总也停止不了。首先，我必然会认为这是两代人的代沟所致。固然，两代人之间总会有代沟，但考察一下我们父子这两代人之间的代沟状况，其矛盾的特殊性恐怕是这个时代和社会所独有的。

就说在中国古代，以《红楼梦》为例，贾宝玉和他的父亲贾政，他们之间的矛盾非常实际，贾政有一次忍无可忍，将宝玉毒打了一顿，原因是宝玉不用心读书，成天和丫环厮混。美国有一部妇孺皆知的电视剧《成长的烦恼》，其中反映的两代人的问题，也都是通过具体、实际的家庭事务和相互关系表现出来的。至于成年人和他上了年纪的父亲之间，每个周末在全家团聚时必不可免地要爆发一场"形而上"的激烈的唇枪舌剑，这种情况，搜遍我的阅读记忆（当然我个人的阅读面有限）都找不到，外国的书里没有，中国过去的书里也没有。在巴金的小说《家》里，觉慧的叛逆是一种革命行动，是思想和生活方式上与旧家庭的决裂，为之不惜抛头颅洒热血。在我和父亲之间，并没有这种问题。从小我和父亲感情很好，我做什么事父亲一向支持我，并且，很重要的是，父亲一向懂得尊重、欣赏自己的儿子，从不强加于人。而我也从小就对父亲待我如朋友印象深刻，并引以为荣。在我成长的记忆里，完全没有关于父亲权威的噩梦，这一点，我现在非常清楚是多么难得。在父亲眼里，我也不是一个不肖之子，我有高尚的工作，有事业心，有健康的兴趣爱好，不抽烟、不赌博、不偷、不抢、不留长发、不穿奇装异服，没有任何恶行让父亲生气。照理像我们这样的父子，完全没有理由经常发生激烈的冲突。可是，一对父子，为一个遥远国度的话题在家里频发争端，诸如此类莫名的争辩，在上世纪80年代和90年代初的中国家庭里屡见不鲜，是两代人矛盾的主题之一，是中国家庭饭桌上的一道特别风景。许多我这一辈的人，都曾有过这样的经历：为这种争端在饭桌上被做父亲的拍桌子轰出家门。我父亲也曾喝令我"滚"，不过事后他又对我母亲说，以后我们和孩子有矛盾，不要再叫他们"滚"，叫他们滚到哪里去？这没意义。父亲去世已近十八年，这些年来，我常想到父亲，常为自己当年一次又一次为形形色色的"时代话题"惹怒已病入膏肓的父亲，心怀愧疚，并多少有些抱怨那个时代："观念爆炸"的时代，人都太爱争论。

父亲晚年经常因咯血住院，那时，他早年的慢性支气管炎已并发肺气肿，发展为肺心病。他还有结肠炎。父亲在医院一向是个最配合治疗的模范病人，医生护士都喜欢他。有时医生要给他做一个检查，事先提醒他，可能有点难受，父亲坦然地回答，在医院，这身体就交给你们了。父亲在接受检查和治疗时从不出声。这一点我不像父亲，年轻时我曾做过一次肠镜，还没开始就大呼小叫，以致医生用"女排精神"来鼓励我。我老婆说，从这个差异可看出党员和群众的区别。

父亲最后一次住院是在嘉定中心医院新开设的老干部病房。去世那天，1992年2月3日，是农历大年三十。我以前曾听说有的人死前会流泪，看到父亲弥留之际，眼角处渗出几滴泪水，我相信了。我对弟弟说："爸爸哭了。"一边伸手去擦。我的手刚碰到父亲的脸，自己完全没有防备，忽然鼻子一酸，眼泪夺眶而出。

父亲去世后，有好长一段日子，我常对人家说这话："现在我是一个没有父亲的人了。"

我心里还老想着父亲在最后的日子里对我说过的两句话。

"小明，想想办法。"

"小明，你用点力掐一下我的脚。"

母亲常说父亲个性懦弱，甚至说过他生活态度消极。不过，在父子相处中，父亲从未对我们流露出软弱。另一方面，我们兄弟俩和父亲极少有肢体上的接触,我甚至都没有被父亲抱过的印象。你可以说父亲羞于亲情的表露,无论是在被动的方面还是在主动的方面。父亲在备受病痛折磨时出人意料地对我说,"想想办法",父亲这是在求告我吗?我当时没有反应过来。何况父亲一直在本地最好的医院接受治疗,住最好的病房,对此我心里还有优越感。父亲去世后,想到他曾嘱咐我"想想办法",我感到特别难受。父亲不见得认为我有更好的办法,他破天荒对儿子说这样的话,说明他当时内心是多么软弱无助。可是我几乎对此置若罔闻,父亲后来也没再对我重复此话。大概在最后一两天,父亲忽然要求我"用点力"掐一下他的脚(观察水肿情况,其实无此必要),这也让我感觉心被撞击了一下。父亲从来不会叫我做这样的事。一直以来,在我们家,父子关系更像朋友,堪称友好,在临终前,父亲似乎借病体流露出对于比友好深一层的亲昵的父子关系的要求。这让我有些不舒服、不习惯,我并未照父亲说的做,却掖好他脚上的棉被,不以为然地回答:"医生刚检查过,稍微有点肿。"

父亲最后一次住院时发生了两件怪事,在"八卦"盛行的今天,重提这两件事恐怕也有"八卦"之嫌。一件事是父亲那块瑞士手表不走了。那块表是母亲送给他的结婚礼物,在50年代大概要两百多元人民币,父亲戴了几十年从未出过毛病,可表偏偏停在父亲最后一次住院时。我忍不住要说句很"八卦"的话,难道手表也通灵性?

另一件事是父亲的公费医疗证,在我们为他挂号后几分钟里不见了,按当时的情况,说它"不翼而飞"不为过。医生说,我们都认识老张,暂时没有公费医疗证没关系,以后补一个吧。医生都说还有"以后",谁会想到这是一个预兆。

父亲那块 RODANIA 手表至今还保存着,母亲从未想过拿它去钟表店检修一下,十八年来,它一直停在当年莫名停走的那一刻。

父亲离开我们太早,六十六岁,我才三十三岁,完全没有准备。父亲走后好几年,我还经常感到会在家里或他生前常出现的几条街道上碰见他。要是父亲真出现在眼前我不会觉得惊骇。在父亲晚年,医生强烈建议他戒烟,家人也不让他吸烟,但父亲从未真正戒过烟,有几次我碰巧发现父亲一个人蹲在马路边吸烟,看到我立刻将夹着烟卷的手藏到背后。如果这一幕再现,我将不再去惊扰他,等他从容、悠然地把那支烟抽完后,再过去和他相见。

前几天母亲还和我说起父亲,母亲告诉我,有两件事一直是父亲的心病,一件是他的家庭成分,另一件是他在山东解放前夕被家里送到上海。全国解放后,父亲经人介绍和母亲第一次见面时,就把这两个情况如实相告。母亲后来一向认为,既然你在上海参加了地下党,就不必再背这个包袱,何况你的家庭成分是组织上为发展你父亲参加威海市政协,即出于政治需要而被提高的,和真正的牛鬼蛇神家庭不一样。但父亲总觉得低人一等。新中国成立后,上海各级领导岗位上,出现了引人瞩目的大批山东籍"南下干部",父亲因是山东人,一般也被看作"南下干部",但其实父亲与他们有区别,这个区别,在我们这一辈看来不算什么,在谍战片走红的今天,"地下党"的形象甚至更让年轻人感觉神秘，充满崇敬。但父亲始终很在意这个区别，他在革命队伍中自觉"低人一等"即源于此。在上世纪50年代末，在带有惩戒性的干部下放潮中，父亲被列入"光荣榜"，从市区下放到贫困的嘉定北部农村，不可能与此无关。在几十年的革命生涯中，父亲长期自觉自愿地在农村"蹲点"，与贫下中农同吃同住，在接受事实上的"劳动改造"中培养自虐式的吃苦耐劳精神，致使健康严重受损；另一方面，必然的是，作为一个革命者，父亲显得干劲不足，上进心不强，甚至给人病病歪歪、打不起精神的印象，末了还提前两年主动申请离休（在嘉定老干部中仅此一例）。所有这一切，在母亲看来，根子都在父亲潜在的心病上。

父亲这一生幸福吗？我斗胆自问。可以肯定的是，母亲是幸福的，新旧社会给了母亲两种完全不同的人生，新社会将一个在"教养院"里长大的苦孩子培养为人民法院的大法官。父亲家境比较富裕，又是长子，小时候没吃过苦，他为什么在上海冒死参加革命？为"打土豪分田地"这样的浅层需求，说不通。倒是父亲后来长期在农村蹲点，"文革"中又被打倒，吃了不少苦头。不过，和幸福的母亲脾气很大形成鲜明的反差，忧郁的父亲性情温和，有一点幽默感，在记忆里，我没听到过父亲对自身处境的抱怨。甚至当年在母亲得到"平反"时，以及之前在父亲自己获得"解放"时，他都显得像孩子似的开心，在那份开心里，还夹带着一种被原谅、被拯救的感恩。母亲曾经非常恨那个"揭发"她的过去的工友，而在父亲身上完全看不到恨，他只是受到一点惊吓，在家里喝几杯闷酒就过去了。父亲认为在这场史无前例的大运动中自己被"刮擦"到一点是合情合理的。

我此刻忽然想到并开始觉得奇怪的一个现象是：对运动中发生的种种暴力事件，父母有过什么议论，我记忆中完全是空白。父亲有一次回家对母亲说，听说某某某的老婆屁股被打得像猪肝。母亲也有说，某某今天被抄家了。仅此而已。对身边骇人听闻的暴力事件没有议论，不予置评，这在今天看来是多么奇怪！

另一方面，我小时候在家里听到许多父亲对于共产党的英雄和领袖们的赞语，我至今感觉到那时受到的影响还流淌在血液里。父亲对那些伟人崇敬之至，十大元帅、十位大将的名字和排序都是父亲告诉我的，军衔也是父亲教我识别的，对共产党将帅的事迹父亲津津乐道，对毛泽东、周恩来更是崇拜得五体投地。今天我们会说这种崇拜带有盲从的意味。事实上崇拜就是这样，何况父亲这一辈人对革命领袖的崇拜，"在特定的历史条件下形成"，令人信服。有时父亲的崇拜表现得意味深长：1973年邓小平复出时，父亲"举双手"拥护；1976年邓小平再次下台时，父亲说，我早看出他是不会改的。此话的意境，不是那个时代的人难以意会。

回想父亲的生平，我总觉得他有点像个"局外人"，而父亲本人对这一"身份"似乎也很无奈。父亲不仅在工作上一直被上级认为"魄力不够""干劲不足"，而且在他那一辈基层干部中，他太有个人爱好。我母亲在完全退休前，没有任何个人爱好，甚至很少看书看报，她的精力和时间完全投入于工作和家庭。父亲的个人爱好在那个时代可谓广泛。在阅读方面，除了每天看报，父亲还爱读文艺和历史书籍，我读过的许多苏联小说都是父亲从单位里借来的，当时叫"内部参考书"；我上中学时，父亲还推荐我读了四卷本的《第三帝国的兴亡》，此书对少不更事的我的影响是震撼性的。父亲还关心体育赛事，节假日爱去体育场看篮球比赛，他本人对象棋的爱好更是终其一生。父亲还嗜好烟、酒、茶。

对父亲，母亲一方面经常抱怨他会花钱，"贪图享受""不负责任"，但另一方面又并不认为父亲是快乐的。"苦闷"是母亲有时用来概括父亲心情的词语。

13 最浪漫的事

今天中午,我独自在"一口五餐",一面吃着饭,一面脑子里想着上世纪八九十年代我工作过的安师。按计划,在这一章里我将会写到它。这时我的手机响了,一个女声问我:

"是张老师吗?"

"是的。"我回答。

"张老师,我是安师8506班的。我们班计划在今年五月份举办一个毕业二十五周年同学聚会活动,想邀请你参加。"对方一口气说道。

我怔了片刻,问她:"你是哪一位?"

"徐玉霞。"

"徐玉霞……我记得你。你是怎么得到我的手机号的?"

"金老师告诉我的。"

金(德明)老师是他们当年的班主任。

这个班毕业二十五年来,这是第一次全班聚会,并向我发出了邀请,却与我手头正在进行的写作内容呼应着了,我觉得简直不能用"巧合"来解释这件事。

安师八五届是我的第一届学生,后面我教过的依次是八七届、九零届、九三届、九五届、九六届等。1998年我离开了学校。我在安师的十六年,从整体上看,学生面貌最显著的变化在男女生比例上，80年代初男生比例远远高于女生，一个年级甚至有几个男生班，进入90年代以后，女生班取代了男生班，以致不得不对男生降分才能招收到少量男生。另一个变化是学生的来源，由清一色的郊区学生融入了市区学生乃至外地的"委培生"。

我早期的一些校园小说，便是以那个时代的安师师生为原型的，如《远大目标》《忝为人师》《不要太感动》《了结三章》《情幻》《月光下的错误》等。我刚到安师时，曾听语文组一个老资格的叫尤学忠的老师就文学创作讲过一句话："安师的学生不典型。"尤老师有过坎坷的经历，个性倔强，才华出众，我非常敬重他，不过对他关于"典型"的说法颇不以为然。尤老师可能看到了安师的学生由于环境的相对封闭、偏僻而有些特别，但他却用过去教科书上的所谓"典型"理论加以衡量，便得出了他的结论。在我看来，安师学生（其实也包括老师）的"不典型"，对于文学创作来说是难得的好事。

这个话题属于文学理论范畴，在此不展开。

八五届的学生小我六七岁，到我离开安师那一年，我的学生已小我二十多岁。回顾我和学生的关系，我总觉得其中有一个耐人寻味的现象。通常我们认为，师生之间年龄差别越小，彼此越容易沟通，甚至很容易成为朋友；年龄差别越大，交流越困难，越容易产生代沟。但是在我身上情况却明显相反。我和年龄差别最小的那一届学生，事实上心理距离最远，师生界限最分明，关系最紧张。似乎是随着年龄差别的增大，我和学生之间的沟通多了，容易了，课外交往增加了，师生界限淡薄了。八五届的学生，今年也有四十五岁了，我相信到五月份我们久别重逢时，彼此间一定还是那种中规中矩的关系。

就在接到徐玉霞（现为上海市东林中学校长）那个彬彬有礼的电话的次日，我又收到了他们班另一位学生徐洪妹（现为上海市盲童学校校长）的一个邮件，她在邮件里对我说：

"不知不觉间自己也已经人到中年，我的孩子今年高三也要考大学了。回想学生时代的稚气和懵懂，不禁哑然失笑，多亏有老师的精心辅导和引领，才不至于多走弯路。今天能写出如此规整的好词好句，也得益于老师严格的训练……"

我相信就是到他们八十多岁、我九十岁时，我们之间这种既真实又不无夸张的距离感，也不会有丝毫改变。

但是到了十年后的九五、九六届，就有学生在暑假里邀请我和他们一块出门旅游，就像朋友一样。也有邀请我去他们家做客，或结伴来我家做客。九五届一位叫卢元吉的学生，毕业后给我打电话时就直呼我的姓名。像这样毕业后对我直呼姓名的不止一人。

看八五届学生给我的电话、邮件内容，觉得我和他们是两代人，年龄差别不小；听九五届学生对我直呼姓名，感觉彼此是同龄人，是"哥们"。

其实问题的实质和年龄状况关系不大。除了客观存在的一些原因外，主因在我自身心理上。我在本书前面几章中曾写到，我的学生时代，从1966年到1976年，恰好与"文革"十年相吻合，在那个十年里有个见怪不怪的普遍现象，即男女同学虽然同校、同班，小学时还同桌，但是相互之间形同陌路，界限分明。我个人和女同学十年间几乎从未说过话。和女同学正常、健康地交往,这一课在我身上完全空缺,以致心理上形成一些扭曲的东西,这是毋庸讳言的。我到安师当老师后,可以说直到离开它,那么多年,我感觉自己身上始终有一种顽固的"男生情结"。我指的是,虽然我长大成人了,都当上老师了,但是我在成长过程中空缺的一门必修课,它所造成的经验缺失是无法跳过和抹去的。这种情形,简直好比股市中的"跳空高开",日后总要"回补"一样。

据自我分析,进安师后,当我站在讲台后面,面对学生,虽然看起来我不缺为人师的自信和能力,但在心理上常会不由自主地产生角色偏差,感觉自己仍是男生中的一员。眼下这个"男生"仍然不知所措,无所作为,但他能躲在"老师"身份的背后有所表现。在安师的头几年,虽然我和我的学生几乎是同代人(我生于1959年,他们生于1964或1965年),但我和他们的关系,和他们的相处和交流非常职业化。我相信按传统的"职业化"标准来衡量,初出茅庐的我更有老师的范儿。当年的学生背后对我的评价大都是"有点凶""面无表情""不苟言笑""不好接近"等。一方面,我课上得不错,1984年我在校级和校际(上海市)青年教师教学评比中均获一等奖,在课堂上我擅长调动学生,制造气氛;但另一方面,我平常和学生几乎没有课外交往,没事我从不去教室转悠,一些住宿在校的老师晚自修时常爱"见缝插针"地召学生到办公室或宿舍个别谈话,对此我曾嗤之以鼻。我在安师十六年,当众对学生大发脾气仅有两次,却都发生在八五届身上,其中一次很多年后还愧疚于心,结果将它写进了一篇题为《忝为人师》的小说后才得以"了结"。那次被我喋喋不休严厉训斥半堂课的是一个男生，即8506班的胡军。起因很小，却大大激怒了我。不必讳言，事后我认识到，那个两手撑着讲台、怒容满面的人，他训斥学生的态度，他的腔调、用语甚至肢体动作等等，从中体现的"角色"是极其混乱、极不纯粹的。如果单是一个老师，他似乎不该发这么大的火；如果将自己混同于学生，他有什么资格站在神圣的讲台后对同学咆哮？

无论是课堂外的冷漠或回避，还是课堂上的严厉或情绪失控，换一个角度看，或许都反映了我在心理上对于师生关系的某种紧张。

同理，在"老师"角色淡化的背后，是那个"男生"角色的成熟——从人性角度讲，这无疑是一个值得肯定的成长过程，虽然情况有点复杂。

1982那一年，中国有两届恢复高考后入校的大学毕业生，即七七级和七八级。记得和我一块分配到安亭师范的七七级毕业生有七名，半年后又来了十多名七八级的。一年内增加这么多新老师，在安师八十年的校史上都没有过。在我们到安师前，安师经过"文革"后的几年调整，已恢复正常的工作、生活秩序。当时安师的教师队伍由两部分人组成，"文革"前的老大学生和"文革"期间的"工农兵学员"。我们这支人数可观（此后几年这个数字还在扩大）的新生力量，既给校园注入活力，也带来前所未有的动荡。

安师是一所历史悠久、有一千多名学生的市属大学校，但它非常奇怪地建在嘉定西郊的农村，四面环田，交通不便，离最近的安亭镇也有几里地。

我们这批新人带到这所乡村师范去的首先是一波"现代派"思潮。文学艺术上的"现代派"产生于 20 世纪初的欧美，但对 80 年代的中国大陆来说它非常新潮。这波思潮突出地反映在部分文科毕业生身上，我们曾对卡夫卡、毕加索、德彪西等人的艺术创作顶礼膜拜。在行为方式上，毋庸讳言，我们身上或有一些"后文革"的影子。"现代派"和"后文革"的奇异组合，令我们成为安师历史上最独特的一代教员，可谓前无古人，后无来者。我们在安师的种种特立独行的表现，种种捣蛋、反叛的行为，在当年经常令整个校园紧张、激动、兴奋，为此我们成为众多学生的偶像，在青年教师中也赢得威望。

我本人曾短暂地担任过安师第一大组语文组的组长，眼看着有机会被提拔到一个更高的位置上时，我却主动辞去了组长职务，回到普通教师岗位上。我当时的理由很简单，就是更看重做一名普通教师所拥有的权利和自由，而在我看来（当时初出茅庐，所见仅限于学校），职务的升迁，权力的增加，与此相对应的是做人的权利和自由的减少。我特别不喜欢自己在学校看到的一种人际关系状况：一些人离校长距离越近，和校长的关系和地位越不平等，对校长越惧怕。

值得一提的是，我在安师的十六年间，校长曾被职工下手很重地揍过一次。不必说，心里想揍校长的人不会少，有人私底下还发过誓要把校长揍得"满地找牙"。但真正揍校长的是安师的一个工人。

我开始学会了舍与得的辩证法。我已看到，身边多数人服从于"公共秩序",而我不打算那样,我一意孤行要写小说(当然不是揍校长),以此构建自己的人生,为了这个我必须置身局外,甚至"画地为牢"。

对于我的人生,我很早就爱做自己的"加减法"。比如,在安师时,虽然我工作做得不错,但对于领导们的"大会表扬",我总是避之唯恐不及。"请不用表扬我,也不要批评我。"我曾以此戏言表明我对校长们惯用的实用主义加意气用事的表扬和批评手段的拒绝态度。不知是否真的因为领导接受了我的建议,总之我在安师十六年,校长换过几任,他们在教职员大会上一致不提我的名字,无论是表扬还是批评。一个在代表学校最高权力和荣誉的教职员大会上长期默默无闻的老师,他收获的权利和自由,不仅是当年安师教职员中独一无二的,在安师八十年的历史上,大概也唯此一例。

另一方面,我早已认识到,对于我来说,写小说已不只是一个爱好和一项工作,事实上我在精神乃至身体上均已对它产生不可摆脱的依赖,这种强大的身心依赖,甚至和"信仰"沾边。

我要说的是,常人其实并不了解,写作的状态几乎覆盖了人生中所有那些"阴暗面",比如黑夜和孤独;或者说,写作使常人最易生出病灶的黑夜和孤独变得令人向往和充满奇迹。因此在我看来,人生中很少有比艺术创造更能安抚和强壮人心的事情。

更不必说,艺术创造比任何一种个人爱好都更加自我和强大。同属文学活动的创作和阅读,在大学中文系的教材里理所当然地被编排在一起,但其实它们是两件性质不同的事,不仅对热爱阅读的人来说,创作不是必须的,对热爱创作的人来说,阅读也绝非多多益善,有时还需要和它保持距离。我在阅读方面一向表现平平,许多据称"非读不可"的小说我都没读过。金庸的小说我就没读几本,觉得也无所谓。并不因为我写小说,我对读小说就格外有热情、有计划。准确地说,阅读是一种兴趣,创作则近乎是一种信仰。有时闲下来,想读一本小说,结果有可能我站在书架前踌躇不决,拿不准读哪一本好。难得读到一本令人兴奋的小说,我的兴奋点很快会转移到自己的创作上去。

艺术创造源自个人的爱好,但最终能将爱好提升到信仰,给人内心以无穷的定力。

我在1980年代最重要的收获是爱情。前文我已叙及,在此我觉得有必要补充的是,我和我老婆在相识之初,彼此在兴趣爱好方面就存在明显的差异,而结婚二十五年来,这些差异不仅毫无缩小,而且在进一步扩大,甚至夫妻间在饮食口味上也越来越难找到共同点。我老婆不爱吃韭菜,不爱吃饺子,不爱酱油和辣椒,这些是我所爱;她爱吃的猪手和凤爪,恰恰最令我反胃。近年来我老婆米饭也越吃越少,取而代之的是红薯和玉米,这些也是我讨厌吃的。我爱户外活动,老婆爱打牌;我爱看电影,老婆爱看电视连续剧。老婆擅长英语,我精通中文。我们之间几乎没有"共同语言"。

不过,这些生活爱好、习惯上的差异,并没有影响夫妻之间的恩爱,或在夫妻关系中形成隔阂和障碍。新社会特别强调夫妻关系中的"共同语言",解放初,上海有不少"南下干部"休妻另娶,就是一例,当然这是极端的例子。从这个角度讲,我和老婆的关系多少也有些传统。不过我的体会，所谓共同语言不应片面理解为纯技术层面上的沟通，夫妻之间，比这个更重要的日常交流，是互相间的欣赏、关爱和默契。在这个层面上，进一步培育亲情。

有一首流行歌曲唱道："我能想到的最浪漫的事，就是和你一起慢慢变老……"我只记得这一句，百听不厌。一对陌生男女不仅相遇相知，而且相亲相爱共度一生，白头偕老，这其实真的是人生"最浪漫的事"。

我和老婆在一起常爱做的事是晚饭后出去走路。我的朋友魏滨海是个老派男人，他和他漂亮的夫人走在街上，总是他在前面，夫人在后面，两人之间保持两个身位的距离。我和老婆一出门，她就挨着我抓住我的手，或挽住我的手臂。1984年春天，我们相识后第一次出行，目的地是青浦朱家角，我们怀着兴奋、喜悦、幸福的心情，并肩在老镇寂静的街道上行走的情景，至今历历在目。那是我们俩"第一次握手"，当我的手情不自禁伸过去抓住她的手时，她纤长柔润的手指勾过来作出反应，这给我的印象刻骨铭心。转眼间我老婆也年近五十了，但每当我们相握着手在城里或郊外行走时，愉悦、甜蜜的感觉不减当年。我老婆通常给人的印象性情温和，但她又像她的属相"牛"那样为人耿直。我欣赏她作为女人的质朴和纯粹，不做作，不张扬，不啰唆，不庸俗（你不惹急她，她永远不会说难听的话）。

我也欣赏她的天生丽质。现在还有人夸她是"美女"，但对我来说，这位"美女"在我眼里已呈"无形"——我眼里心中的她，似乎已不会受到她外形自然改变的影响。

而对于她来说,她的老公,一个一目了然"聪明绝顶"的光头男人,在这个世道里,既不为官,又不经商,辛辛苦苦写了几本小说,还被"严重埋没",但她同样一如既往地欣赏、宠爱、依赖他。

这的确应该是二十五年前我们能够想到的最浪漫的事,只不过那时我们想不到这么远,想不到这么浪漫。

14 边缘状态

在写这本书时,我常自问,我身上有哪点和父亲最像?我的结论是:边缘状态。这个话题前文已有叙及,但仍觉得意犹未尽。

在父亲活着时,我们父子间从未就个人问题作过深谈,但多年的近距离接触令我对父亲的精神状态有较深的了解。1988年,我在西安见到少年时代参加革命的堂伯父时,曾听到他对父亲的评价:聪明、正直、敏感,胆子不大。父亲的个性似乎注定成不了堂伯父那样影响一方的焦点人物。他在堂兄的影响下幸运地走上了革命道路,但其中曲折的经历又不幸地束缚了他,成为他思想和精神上长期不能摆脱的包袱。我在本书开头就作了交代,我爷爷解放前和他哥哥合伙在威海城里开店,家里有些钱财,在山东解放前夕,爷爷将父亲送到了上海。虽然父亲在上海秘密加入了共产党,但从即将解放的老家跑出来这件事,成了父亲履历中的一个"污点"。母亲最近告诉我,她和父亲经人介绍第一次见面时,父亲就将这件事郑重地向她作了"坦白"。当时母亲不以为然,觉得你在白色恐怖下加入地下党的行动是最好的证明。父亲同时也如实告知了母亲自己的家庭出身。他的诚实给母亲留下了相当好的第一印象。后来母亲发现,这两件事,无形中像两座大山长期压在父亲心头,更令他觉得自己在工农出身的干部面前低人一头，似乎是革命队伍中的"异类"。客观上，父亲也很快就被组织"边缘化"了，在上世纪50年代末的干部"下放"潮中，父亲被选中从上海市中心"下放"到郊区农村，从此没再回去。有很多年父亲吃住在农民家里，条件相当艰苦。但是母亲曾告诉我，从小被娇生惯养的父亲，从未抱怨过农村生活的艰苦。我的印象也是如此。用当时的说法，父亲在农村自觉接受贫下中农的改造，努力和贫下中农打成一片。他很快习惯了农村生活，和农民交了朋友，并且似乎喜欢上了农村的简单和纯朴，内心感到了愉快。后来，父亲曾主动要求下乡。我指的是，在上世纪70年代，父亲在下放十多年后，终于上调到嘉定县城工作，但不久他又提出申请，去徐行公社"蹲点"。父亲显然已不适应城市和机关的生活，最后干脆提前两年办理了离休手续，从令他难受的官场彻底退出。

我感觉，父亲这一生并无多少作为。这不完全是时代造成的，部分也是他的个性使然。父亲是个性情中人，年轻时喜欢文艺和体育，天性好玩。一方面，家庭出身和参加革命的特殊经历令他在政治上早早被打入另册，"怀才不遇"；另一方面，被下放农村后，他却在这一政治的边缘地带，真正找到了适合自己的"广阔天地"。父亲喜欢做一个普通人，过普通人的生活，和普通人打交道。棋牌烟酒茶，有这几样，父亲的生活便可以过得比较美好。许多人回忆说在那个年代喝的是"苦酒"，下棋打牌也是"排遣苦闷"。这完全是扯淡。父亲一生酷爱象棋，棋艺颇深，后者给予了他一种难得的自在、愉悦的人生状态。作为一个在上海的山东人，父亲内心始终不无尴尬地觉得，自己作为革命者的"出身"难以被明确描述,因为他不是严格意义上的"南下干部";相比之下,他的业余身份很容易为人知晓,作为一个棋手他在嘉定那一辈人中堪称卓尔不群。

我没有父亲那么复杂的人生经历和内心隐痛,但我对"边缘状态"的认同,比父亲表现得更主动。小时候似乎是出于不可捉摸的天性,长大后越来越变得有意识。我上小学时,小学生中的先进组织少先队被改名为"红小兵",到五年级时,和我一起玩的同学都已加入"红小兵",只有我还被关在门外。我清楚地记得,在班级红小兵组织审批发展新成员的一个下午,放学后,我和一些同学回到六一新村,在楼下玩耍,过了一会儿,担任红小兵排长的陈向东开完审批会回来了,他看到我说:"你没有被批准。"这样的情景一再出现,这件事便变得非常折磨人。最后我是在毕业前夕,在放宽政策的"一片红"中才和班里仅剩的几个被老师看不起的农村同学一块解决了组织问题。

我一直说不清楚为什么我在加入我们这代人一生中第一个先进组织时就遇到这么大的困难。照理说,我在许多方面表现不错,学习成绩一直处于上游,还是学校乒乓球队队员,参加过舞蹈队,在学校庆祝六一游行队伍中担任仪仗队的长号手,等等。要说是家庭因素,也不对,我们七二届一班多数学生住在六一新村,"文革"中家庭情况和我相似,家长都曾被打倒过。我只能猜测,大概关键还是在我自己身上,和我的某种态度有关,即如我成年后意识到的,在某些方面,我似乎天生不愿意被认为"表现好"。在"时代潮流"所向的方面,在众人趋之若鹜的方面,我一定反应迟钝,态度别扭,甚至经常故意和大人作梗,反其道而行之，甘于落后。这种态度，显然远比学习成绩差更容易惹恼班主任。

中学生的先进组织叫"红卫兵"。因为中学不再有"一片红"的宽大政策，毕业时我是班里少数几个没有被"红卫兵"组织吸收的人。

次年，中国大陆恢复高考，我又成为另一类"少数派"：我是我们年级七个班里仅有的两名考上大学的人之一。另一个是二班的包益明，二十年前去了美国。

在那个年代没有加入相应的先进组织，应该是一件抬不起头来的事，可是我们学校的党支部书记赵老师却还批评我"眼睛长在额头上"。可见我当年的某种态度是多么令老师生气和失望。

大学毕业后近三十年里，我的生活状态的边缘化日益突出。其实我本人变化很小，社会的变化太大太快。这些年里，我周围的人，亲戚、朋友、同学、同事、学生、邻居等等，他们中许多人都换过工作，甚至换过多种工作，最后殊途同归，做公务员或经商。我见过一些诗人朋友也摇身一变成为官员或商人，其中几无回归者。我的朋友魏滨海曾真心实意地对我感叹：像你这样专心搞创作是多么幸福啊。我回答他，这样的幸福你也唾手可得，你调到文化馆来吧。他说，这是不可能的。我故意和他抬杠：是你不可能，还是调动不可能？

我们可能都忘了，从文化馆或学校调到机关，成为像魏滨海这样的领导干部，难度远远大于他本人回到文化事业单位。"不可能的事"诗人做到了，相对简单并且看起来顺理成章的事在现实中变得遥不可及。

记得在上大学时,睡在我上铺的胡宗亘最欣赏刘禹锡的两句诗:沉舟侧畔千帆过,病树前头万木春。他以"沉舟"和"病树"自比,大白天喜洋洋地待在床上,笑看同学们用功。蔡鹰扬给胡宗亘取了个"小颓"(小颓废派)的绰号。当时许多同学认为行为懒散、爱睡懒觉、面孔浮肿、无事不下床的"小颓"是只"病猫",有一位担任班干部的女同学还热心地找他谈话希望他振作精神。没人看出"病猫"的"虎视眈眈"。毕业后胡宗亘竟在房地产业大显身手,其捕捉机会的敏捷和能力,令人吃惊。

我在大学期间向以勤奋著称,每天早起晚睡,也许还给人胸怀大志、积极向上的印象,但其实倒是我最"安于现状"。外部世界变化越大,我的边缘状态越突出,"旁观者"的角色越明显。

有时我会骄傲地对自己说,我这半生很少单为挣钱做事,这是多么了不起啊。

我也有过靠码字挣大钱的机会。2004年,我在鲁迅文学院第三期全国中青年作家高级研讨班学习时,有人找我写电视连续剧本子。那是我第一次接触电视剧这一行,心里特别兴奋。当时投资人和我签了两份合同,一份是改写一个别人写的本子,一份是改编一部小说。我得到了两份定金。鲁迅文学院的学业结束后,我被安排在北京东土城路中国作家协会的大楼里住下,两个月后,我按时完成了一份合同的工作。但在结账时,我却将另一份合同的定金退给了投资人,然后如释重负地离开北京回家去了。这当然是一件傻事,只听说编剧被拖欠、克扣稿酬的,哪有人会主动退还到手的定金。但是当时我无法控制自己,心里只想尽快和这件事撇清关系。我完全没有想到这份工作给自己的感觉如此糟糕,严重的不适应反应在身体上是心慌、恶心、晕眩,出门感觉腿软,白发陡增不少。不必说,日入斗金的感觉很棒,也曾给我注入动力,我也曾想就此改变一下自己,但终究还是功亏一篑。今天我还历历在目,那些日子,每当晚上我失魂落魄地去街上吃晚饭,灯光下看到小饭馆里一些当地人光着膀子痛快地喝酒吆喝,我就很为自己难过。

我最终明白,我就是"天绝"某些方面的自控力。对我这种人格状态的人来说,这项能力还必须特别强大才行。

写小说对我而言,只能算是一项极为特殊的工作,因为,通常工作所必备的要素,在小说写作中概不需要,如计划性、团队性、透明度、申报、协商、沟通、容忍等等。我理解,小说家是真正的"个体户"和"私营者",其工作方式和作品产生的过程都秘而不宣。有些人写作时还要在关闭的房间里拉上窗帘,甚至有一些不为人知的古怪癖好。

写小说的特殊性非常适合我的旁观者角色和边缘状态。两者结合得越深,我越无法分辨究竟谁选择了谁,谁造就了谁。

我也曾期待我的小说能给我带来滚滚财源,直至今日我仍期待我的新书能卖个好价钱。但是我已明白这样的机会很小。写小说本来就不是一件为钱的事。在这项工作上,发财多半是"意外之喜",不是通过一定的规划和努力可以预期的。小说家的暴发之道几乎都是不可仿效的个案。一个长盛不衰的优秀小说家是不可复制的;一个因书被查禁而一夜成名的小说家是不可复制的;一个打输了剽窃官司而依然甚至愈发被追捧的小说家是不可复制的。书不畅销,过去没有、今后也不会成为我放弃写小说的理由。

从根本上说，写作对我的影响，更关乎做人的价值观。我至今所做的，源于并超越了童年时代的简单梦想，这无疑是最重要的。我早已明白，我对小说写作与生俱来的热爱，令我孤傲的天性幸运地有所寄托和归属，从而在这项工作的持续推进中建立了自己的人生和世界。和许多人一样，我从小也爱热闹，在人多的地方也爱出风头，但和多数人不同，我不怕孤独，我的工作仿佛给"孤独"插上了翅膀，长时间主动独处对我是家常便饭。

我喜欢有规律、有秩序的生活，在我看来，井然有序的环境才有足够的空间。

和父亲一样，我喜欢做一个普通人。和父亲有所不同，面对所谓的主流社会，我很早就自动靠边站。但是，文学使一个普通人变得与众不同，仿佛头戴光环，显出不合时宜的"清高""骄傲""自以为是"。

前些天，我参加了一个老朋友的聚会，饭后有人提议去歌厅坐坐。车到门口，我憋不住说我不进去了，你们去玩吧。我确实只是因为不会唱歌，对歌厅没兴趣，并无他意。做东的朋友对我的态度很不满，加之喝多了酒，气冲冲地说了一句："你不去？那朋友也没得做了！"

我闻之十分惊诧。

后来我自己在心里替朋友作出合理的解释：在这个世道，对一些人来说，喝酒是应酬，歌厅才是朋友们去的地方。酒席散去后，一桌人各奔东西，相约去歌厅的是彼此认可的朋友。去歌厅不单是唱歌，许多人还是去喝酒，比唱歌喝酒更重要的是朋友之间称兄道弟，赤诚相见，醉生梦死。人在歌厅里说的话，和在酒席上不同，状态不一样。有时同去的朋友中有异性，彼此平时彬彬有礼，但在歌厅里说话时几颗脑袋会靠拢在一起，并互相做出一些表示赞赏、鼓励、抚慰、关爱、友情的肢体动作，如拍拍肩膀，捏捏胳膊。和餐厅相比，歌厅有一定的私密性，并非同桌吃饭的人，都可以同室唱歌。一起去过歌厅的朋友才知道这儿的交情"深度"不一样。

对我婉拒歌厅，老朋友愤激中掷下"朋友也没得做"的狠话，不足为怪。此君近年来在红十字会从事社会关注度很高的"弱势群体"救助工作，因此他常挂口上的"文化是垃圾、是狗屎"也不足为怪。"知识分子"甚至挂不上他的"救助名单"，在他的辞典里是最无价值的贬义词之一。不过他向我伸出手来说："你不是知识分子。"也许我的确称不上是知识分子，但我从没在意这个身份，以致对他言语间的褒贬之意也无动于衷。

我曾反躬自省，三十年来，从二十岁至五十岁，在这段最具生命活力的岁月里，我看上去的确没有多少变化。在价值观念和生活形态发生巨变的社会背景下，一个人的"凝固状态"最令人不可理喻，他的骄傲更令人不解和不屑。

但，不由你信不信，一个人几十年如一日，专心致志做一件事，身上必会发生实质性的变化。好比一个心无旁骛的习武者，练习如咏春拳般境界高远、招式简单的拳法，回还往复，连绵不断，日复一日，年复一年。功夫日深，招式愈简。比拳法长进更强大的，是内心的修炼。

15 为什么不能要求孩子洗碗

在我的同事陈秋兴的儿子出生前,安师老师的生育状况有一个令人费解的现象,即安师的男教师生女儿的概率高得离谱,特别是1982年后进校的男教师,没有生儿子的。1988年暑假安师四五个男教师有了孩子,竟清一色是女孩。为这件事,语文组的唐老师和教育心理学组的须老师(女),两人曾在接送教职工上下班的校车上大打口水仗,其中一段对话在安师流传多年。

治学严谨的唐老师向来对种种伪科学论断十分反感,他驳斥道,只有幼稚、无知的人才会相信生男生女是由某种神秘的力量所控制。他的意思是,虽然他本人头胎生的是女孩,但并不表明他在安师工作就只能生女孩。

心直口快的须老师对他说:"你不用作什么解释,事实就是事实。"

唐老师挺起胸膛,目光炯炯地盯着须老师,问:"你的意思是说我生不出儿子?"

"我只相信用事实说话。"须老师回答。

"好,我就要你这句话,你敢来试试吗?"

"你来啊!"须老师也挺起胸膛,毫不示弱。

一车人只顾起哄,都没注意到,他们俩的口水仗跑题了。他们争的是什么?一个安师男教师和一个安师女教师试出什么结果来都不算数的，因为现状是，上述生育"魔咒"控制的是安师男人，并不是安师女人，后者即使和安师男人结合，仍有机会生儿子。

当时唐老师指着须老师结巴道："你……"可笑地临阵退缩了。

虽然唐老师输了这场口水仗，但没过多久，他还是幸运地以陈秋兴的儿子的出生赢得了论战。

紧接着我的儿子也出生了。

我在此要给力挽狂澜的陈秋兴记上浓墨重彩的一笔。他怎么做到的我不清楚。我的情况是，那年暑假，我陪老婆去嘉定中心医院做了扁桃体摘除手术，然后老婆在家休养，我独自去河南、陕西旅行，同时看望了在洛阳的大姑和在西安的堂伯父。按我们夫妻俩的计划，我回来后不久老婆就怀孕了。儿子出生后我曾对安师的同事戏言，我能生儿子，应该归功于我的那趟远离安师的旅行。

其实在老婆怀孕期间，我从未在意她怀的是男是女，做超声波时也从未产生过向医生了解胎儿性别的念头。但在老婆分娩那天，当接生护士出来告诉我是男孩时，我心里顿生快意，仿佛有一块石头落地的感觉。我相信这不是我的本意，而是男人的本能。

儿子生于1989年5月5日，比预产期早了两周。那天下午送老婆进嘉定妇幼保健院后，我只离开了一会儿，回家去做预备老婆产后吃的红糖桂圆鸡蛋汤，这当口老婆就生了。接生的护士中有一个是老婆的学生，她将儿子抱出来给我看，我万没想到，那一刻自己竟不敢过去,仿佛怕看到一个怪物似的。那时还没实行母婴同室,新生婴儿都在婴儿室由护士统一照料,每天只是上下午各一次,由护士抱到病房让妈妈喂奶。我第一次在病房将儿子抱在怀里时,心里既喜又慌,以致故作夸张地看着儿子说:"儿子,叫爸爸。"好像不是真的。一周后母子出院回家,面对这个"小怪物",毫无经验的我当时心里想,儿子放在医院婴儿室,由护士照料是多么好啊。这种心情和后来对儿子身上的什么事都不放心让旁人沾手反差多大。同理,刚回家那会儿,看着怀里陌生的小生命,会感觉到一种排斥心理,觉得他是一个突兀地闯入两人世界的"外人",这和后来经常趴在床栏上目不转睛地盯着儿子看,对熟睡中的儿子也仿佛看不够,差别真是太大了。

回家后才发现老婆奶水不够,需要奶粉。我跑了几家店,最后在影剧院地下室叫"叶池"的饮品店里买到了一包奶粉。然后又面临儿子的睡觉问题,放在我们床上,怕压着他。结果我有了一个主意,在家里一把藤椅上搁一块平整的三夹板,将襁褓里的儿子放在上面,然后将藤椅紧靠在我们床边。儿子这样在藤椅上睡了一段日子后,住在我们楼上的妇联干部王庆健(现为嘉定区人大副主任)借给了我们一张婴儿床。起初我们把婴儿床单独放在小客厅里,我们想按西方人的理念从小培养孩子的独立性,但很快就觉得这样太麻烦,便将婴儿床搬进我们房间。大概在儿子两三个月时,他开始夜里睡不安稳,几乎每隔一小时哭一次。你要是不理他,他越哭越响,声嘶力竭。婴儿啼哭时往往不知控制节奏,一口气直往上冲,常常几乎要回不过气来。我儿子经常发生这种情况,一周岁后有几次去医院打针时把护士都吓坏了,以致我被逼无奈想出一招，即在打针前不瞒他，先让他哭出来，将能量释放掉一些。

所以那些日子夜里一听到儿子啼哭，我就赶紧起来抱他。有时总算将他哄睡着了，但刚将他放下，手还没挪开，他又哇一声哭了，恨得我咬牙切齿。但这一状况也让我和老婆脑瓜开窍，我们忽然想到：儿子是不是已有意识找妈妈？我们尝试着将儿子放到我们床上，放在妈妈身边，果然他立刻安静下来，不闹了。

我则从那一天起开始睡沙发，一睡两年。1991年搬家后，我们家有了两个房间，一间做了我的书房兼卧室，儿子仍跟妈妈睡。2002年再次搬家后，儿子有了自己的房间。

我们本想从小培养儿子独立生活的能力，这一初衷在睡觉这件事上就早早夭折，当然客观上也受到住房条件的限制。

儿子出生后，最激动兴奋的数我父亲。现在回过头去看，父亲卒于1992年2月，事实上，在1989年5月儿子出生时，父亲已经病入膏肓，他的肺心病已到晚期，呼吸不畅，哮喘严重，在平地上走路都很困难，上楼梯更是受折磨。但如前文所述，儿子出生后，做了爷爷的父亲却每天从家里步行到妇保院来看望，第一次见到孙子时，他满面笑容，眼含热泪。他对许多人说，我六十三岁了，才有孙子。我笑着对他说，这不能怪我，你生我的时候，比我现在年纪还大。孩子出院后，有一段日子，父亲每天或隔天步行来我家看望。我家比妇保院距离六一新村远得多，父亲平时已走不了这么远的路，何况还要上三楼。可以想见那些日子支撑父亲病弱身体的精神力量有多大。

无论是在儿子出生前还是出生后，我从未想过要将他交给母亲带。客观条件肯定也不允许，母亲退休后受聘于律师事务所，工作仍很忙，在家里还要照顾父亲和奶奶。但对我来说这还不是主要原因，我在结婚后思想上早有准备，将来孩子一定要自己带。当时毫无育儿经验的我，曾主要从责任和义务、对孩子的教育和培养等概念上来理解这件事，认为这是应该的和必须的。

但在实际关系中，不消说，这个时代的孩子出生后就成了父母的"宠物"。

我小时候养过一些小动物，包括昆虫，如金鱼、麻雀、蟋蟀、蚕宝宝等，有的养了好多年，非常用心，相处久了，对它们竟也有一种"亲如父子"的感情。没想到的是，在我有了孩子后，有一个时期，每当看到可爱的小动物时，我的感觉就会有点不一样，脑海里会不由自主地产生联想，内心会变得十分柔软和温暖。最为奇特的是，一次在安师的阶梯教室开教职工大会时，忽然一只刚会飞的小麻雀从上面的气窗里误入会场，它惊慌失措地在会场上空盘旋、扑腾、哀鸣，引得许多人仰头观望——我也抬起头看它，但我忽然感到，我注视它的目光里充满意想不到的新内容，似乎我体内一根特殊的神经被拨动了。

相比于我过去养过的诸多宠物，儿子的出生以匪夷所思的方式终结了我的宠物情结。

我此刻很有把握地写下这句话，因为我们夫妻俩都深有体会，多年来在我们对孩子的养育和宠爱中，确实有很大的成分是将他视如"宠物"。像这样数十年如一日对一个成长中的生命的全神贯注和无微不至，在另一方面，必然早已透支了我们自身对于养宠物的兴趣和热情，甚至已对此心生"恐惧"。

记得在儿子小时候,我唯一坚持没有给他买的"玩具"是小狗,有好几次他在街旁的小狗笼前哭得死去活来,我都硬生生将他拽走了。为这件事,儿子现在有时还会恨恨地对我说:"我恨你。"

今天许多人都在议论中国自1983年起实行的一胎制计划生育的利弊。作为一个过来人,以我的感受和观察,我认为独生子女政策对中国社会最大的影响,是改变了父母和子女的关系。传统的富有理性的慈母严父少见了,取而代之的长辈形象,通常表现出两副似是而非的面孔:慈爱变成了无原则、无节制的溺爱,严格变成了事无巨细的唠叨、随心所欲的训斥和浅薄无知的吓唬。

这俨然就是许多人对待宠物的态度。

一方面,父母的权威遭遇到前所未有的颠覆,另一方面,表面上的"平等"暴露出闻所未闻的伦理危机。

转眼间我儿子已长大成人,三年前他离开我们去国外留学。这几年儿子不在身边,距离的改变使我有机会深入地检视和反省我们和他之间的关系。一些过去以为不可想象的事(如和他长期分离)如今变成家常便饭,反之,一些过去习以为常的现象,现在忽然让我感到别扭,并且引起我的深思。比如,儿子现在每次放寒暑假回家,我们夫妻俩仍然习惯性地为他料理生活事务,一如既往地为他铺床叠被、端茶倒水、盛饭搛菜,直至为他削苹果、剥果仁等等,不折不扣把他当宝贝。但同时引起我自省的是,对这颗"掌上明珠",无价之宝,其实我们一直以来竟都缺少真正的、真实的欣赏——不必说,这应该也是他本人所希望和需要得到的欣赏。

做父母的给予孩子的"无私奉献"和"殷切期望",往往都不是本质的东西,这应该是当今中国社会两代人之间最为苦恼和无奈的事情。

前几天我在饭后洗碗时对儿子说:"我现在有一件事非常为难,就是不知道要不要对你提一个要求。"

"什么要求?"

"洗碗。"

"不要。"他立刻回答。

我对他解释道,我和他叔叔在上小学时就在家里做一些力所能及的家务,如扫地、擦桌子、淘米、洗碗等,甚至每天晚上睡觉前,我们都按他奶奶的要求将脱下来的衣服叠整齐放在床边。他小时候由于众所周知的原因,没做过任何家务,现在成年了,放假在家,不再有中考高考的事相烦,还不应该考虑饭后洗碗吗?但做父母的又很困惑该不该把这个问题提出来。

儿子嬉皮笑脸地对我说:"不用提。别担心,我不会怪你们失职的。再说我也不是不会照顾自己,在国外我一个人不是过得很好?"

儿子的话也不假。

2007年儿子自己作出决定去新加坡留学,在为他办理手续过程中,我的神经一直绷得很紧,甚至几度在中介面前失态。出发的日子临近时,我在夜里好几次被一个念头惊吓得坐起来,那个念头就是想到儿子孤身一人在异国他乡下飞机后的情形。事实上接机的程序清楚可靠,我没必要为此担心,但是,从儿子走下飞机到见到接机人,这中间有一段空白,它在我的脑子里被一再放大，并且越想越复杂。儿子从小没有远离过我们，甚至在他十六岁以前，除了在外婆家住过一晚外，从没和我们分开过。因此面对他将一个人远赴国外，我身上出现了一些过度担心和紧张的症状。他离开那天，我们事先一再叮嘱他到达后尽快给我们电话报平安，但是他的电话来得很迟，和我们焦急万分的心情相比，他的语气非常平静，简单地报告了情况后就挂了电话。晚上他再次打来电话时，他已安顿好，话多了，语气依然平静。他告诉我，他被安排在两个非洲人房间里。"这事暂时不要告诉妈妈。"他提醒我（怕她对黑人有误会）。我问他，你不觉得别扭？他说，其实也没什么，我无所谓。后来他和两个黑人学生相处很好，对方大他几岁，英语比他好，还帮他练习口语。我在视频上也和他们打过招呼。

儿子出国后头天给我们的这两个电话，表现的镇定和从容是出乎我们夫妻意料的，这让我们吊着的心立刻安稳下来。

在第一次和儿子相隔五千里作视频对话时，我激动的心情溢于言表，竟对他说："儿子啊，爹妈要感谢你替我们照顾了你自己。"

儿子出国后的表现显示，他完全能够照顾自己。一个月后，他自作主张搬到了班里一位新加坡同学的家里，住宿条件好了许多，房租还便宜不少。他在学习上也渐渐在同学中冒了尖。我欣喜地发现，出国后他表现出了"事业心"。我还特别注意到，他和老师的关系变好了。在国内时他一向和老师的关系最僵。

有不少孩子出国后，家人和周围的人往往会说：孩子出国后懂事了。我儿子特别容易给人这种印象。其实，一个孩子怎么可能一夜间由不懂事变得懂事？我从不相信这种赞语。根本原因不是孩子突然变懂事了,而是他所处的环境变了,在新的环境里,没有那么多人烦他,没有那么多人宠他。

在国内,一方面我们在学校千方百计地增加孩子的负担,对他们实行不人道的应试教育,使其在巨大的分数压力下,不仅被迫放弃了节假日,而且简直就像旧社会的童工那样不得不每天起早摸黑,披星戴月(对街上出现早出晚归、"忍辱负重"的少年儿童形象,我们早已无动于衷);另一方面,我们在家里将孩子当宠物般饲养,无数普通家庭的子女,都过上了过去长期受到无情批判的剥削阶级家庭少爷小姐那种"饭来张口、衣来伸手"的寄生虫生活。

被无休无止地烦扰,被无微不至地宠爱,这个时代的中国孩子独一无二的生存怪圈,造就他们成为"史上最独特的一代"。

就在周围的人夸我儿子出国后"懂事了"时,回到家里的他,依然习惯于"饭来张口,衣来伸手"。他还"牛逼烘烘"地拍拍我们的肩膀说:"老爹老妈啊,回到家里,这些小事还是交给你们吧。"

为什么我们不能要求儿子洗碗?为什么对儿子提这个正确的要求让我如此为难和困惑,心里感觉沉甸甸的?归根到底,在我的认识上,我要提的不是一个单纯针对某一行为的建议,在那方面我会毫不犹豫,如要求孩子讲卫生、懂礼貌、遵纪守法、积极上进等等,从儿子小时候起,我不知道为这些道理对他费过多少口舌。但是,我感觉向他提出饭后洗碗,是一个不同性质的要求,是一个我们从来没有对他提过、早就错过了该提的时机、自己感觉不该提的要求,现在提出它来,对父母和子女之间的现实状态和亲情关系已具有挑战性和颠覆性。

这么说绝不夸张。在当代中国,父母和子女的关系是一个特殊的不平等的平衡体。在所有家庭中几乎毫无例外的一个"平衡现象"是,晚餐后,在厨房洗碗的一定是父母,孩子放下筷子后最好立刻回房间做作业。即使孩子考上大学,不再有做不完的作业,直至完成学业,不再需要做作业,洗碗的事还是父母的。这似乎是这个时代父母和独生子女之间的终身约定。

但是另一方面,洗碗的父母一只眼睛盯着洗碗池,另一只眼睛永远挑剔地关注着课桌上的孩子的表现。在西方许多国家小学生的上学时间为上午九点至下午三点,有的学校甚至早就实行半日学制,但在中国,家长只会为老师布置的作业量还不够大而向校方抱怨。直到孩子从学校毕业参加工作,父母挑剔的眼光依然不会变。中国的父母恐怕是世上最奇怪的家长,他们最疼孩子却最不知欣赏孩子。

不过,无论我们在养育孩子的问题上有怎样的误区,时过境迁,有一件事现在特别令我感到庆幸和骄傲:和一些家长在孩子小时候将他们送进"贵族学校"相比,我们夫妇俩一直坚持将儿子留在身边,直到他成年。

在儿子小时候,1990年代,上海及周边一些城市出现了种种所谓的"贵族学校",不少家长冲着它的"贵族"和"寄宿",将孩子送了进去。我们当年的排斥态度,对那种模式的不信任是主要原因。何况,我还这么想,在中国,无论怎么说,将未成年的孩子留在像我们这样的家庭里,难道不比送去什么"贵族学校"强吗?如今回头检视当年的"贵族学校",它们的办学策略和名牌服饰在中国大陆的营销策略是一样的,最终中国人的身上穿戴着种种假名牌,"贵族学校"也成为"假贵族"。更不要说,在面临对中国人来讲最现实的中考和高考时,"贵族学校"全面输给公办学校。无锡一所名气很大的"贵族学校",还闹出了校长卷款潜逃的丑闻。

我说"庆幸",其实用词不准确,我们从未动过那种脑筋。我们不假思索地将未成年的儿子留在身边,就像在他出生后,我们认为亲自照料他是天经地义的事一样。即使在他长大成人后,我们在家里依然要为他铺床叠被、洗衣洗碗,但只要我们不存心去想"为什么不能要求孩子洗碗"之类的尴尬问题,事实上我们对这种状态不仅从无怨言,心甘情愿,习以为常,而且对我们的付出已经产生的"回报",更是心满意足。我指的是,我们和儿子在十多年朝夕相处中建立起来的默契和亲密(这已超越了单纯的血缘关系),在他成年后日益彰显,如今他对我们的态度中还多了一些理解、体谅的意愿。他对家里的老人(奶奶、外婆、外公)更表现出明显的恭敬孝顺之意,每次回家也还不忘去烈士陵园的离休干部墓室祭拜爷爷。

固然,在儿子小时候,我做过不少为传统男人不齿的家务事,比如儿子每日的尿布都是我亲手洗的,儿子十岁时,便后我还替他擦屁股,但我那时心中怀着一份神圣感,并不觉得有何不妥,也不觉得苦和累。现在,更是只须看到儿子的一份小小的"心",一点点的好,我们甚至就愿意像老一辈人那样去向往"老来有靠"。

那么,要不要孩子在家里洗碗,就无所谓吧。

16 孩子的错比天大

我们这一代生在新中国,长在红旗下,从小听着领袖们的成长故事长大。其中有一个故事给我印象特别深,至今耳熟能详。

诚实的列宁

列宁公公小时候,有一天跟着爸爸姐姐,到姑姑家里去做客。姑姑家里有好几个表哥表姐,都很喜欢列宁,列宁也爱跟他们一起玩儿。

这天,他们在姑姑的房间里玩"捉人"的游戏,追的追,逃的逃,热闹极了。列宁跑得很快,不小心碰了桌子,砰啪——桌子上的花瓶掉在地上打碎了。多好看的玻璃花瓶,打碎了多可惜呀!孩子们一下都呆住了。

姑姑听到响声,赶忙跑到房间里来,瞧瞧出了什么事了。她看见花瓶打碎了,就问大家:"孩子们,谁把花瓶打碎的?"

表哥表姐都说:"不是我打碎的。"

列宁呢,也跟着说:"不是我打碎的。"他说话的声音很低很低。

姑姑说:"你们谁也没有打碎花瓶,那么一定是花瓶自己打碎的了,大概它在桌子上站得心烦了,所以就倒了下来。"

一个表哥说:"大概这个花瓶想跟我们一起跑一跑,所以从桌子上跳下来,可是它忘了自己是玻璃的,就打碎了。"

大家听他这么一说,都笑起来了,只有列宁没笑,不声不响地跑到另外的房间里,在桌子跟前坐着。他心里很难过,因为他说了谎。

他回到家里,晚上躺在床上,想着,想着,忽然哭起来了。

妈妈问他:"你为什么哭呀?"

列宁就把自己说谎的事,告诉了妈妈。

妈妈说:"这不要紧,明天你写封信给姑姑,承认自己说了谎,她一定会原谅你的。"

列宁这才安心睡觉了。

过了几天,邮递员给列宁送来一封信,啊,是姑姑给他写的回信呢!列宁连忙把信拆开来看。姑姑在信上说:"做错了事,自己承认,是个好孩子。"列宁把姑姑的回信给爸爸妈妈看,爸爸妈妈都称赞列宁是个诚实的好孩子。

这个故事被编在小学课本里,新中国几代老师都特别爱讲它。它文字朴素,语调亲切,深入浅出,从老师们嘴里娓娓道来,教育了无数孩子。

我没有问过别人的读后感,但我很清楚地记得,自己小时候初读这个故事时,内心曾颇感不安。我立刻由这个故事,想到自己曾说过不少谎。当然,这个故事告诉我们,列宁小时候也说过谎,但它同时也让我看到,自己和列宁之间的差距在于,我在说谎得逞后,通常会有释然、自得的心理,说谎时的紧张,多半是怕谎言被戳穿。列宁当年只有八岁,他说谎后,"不声不响地跑到另外的房间里,在桌子跟前坐着,心里很难过"。然后,"他回到家里,晚上躺在床上,想着,想着,忽然哭起来了"。在这个故事里,列宁对说谎的自我谴责,是在没有大人督促情况下的自觉行为。不必说,我小时候也曾怀有远大抱负,梦想长大后成为将军,甚至成为像列宁那样的领袖人物,读了这个故事后,我明白这是多么不切实际的妄想——我早已不可能。

另一方面,我也有感于在这个故事里,列宁有一对好父母、一个好姑妈,在列宁说出真话后,他们都"原谅了他",姑妈说:"做错了事,自己承认,是个好孩子。"摔碎花瓶是错,承认了就好;说谎是错,能承认仍是好孩子。但是,生活中有不少父母,即使在孩子主动承认做错了事后,也不会原谅,轻者喋喋不休地呵斥,重者拳脚相加。因此无论是出于面子还是自我保护,说谎对许多孩子来说已成为他们心智发育的一个事实上的重要标志。

我儿子学会满地跑后,在家里经常摔坏东西。起初有一次,听到玻璃器皿掉地砸碎的声音,我赶紧跑过去看,儿子当时的智力水平还不会说谎,只见他站在一地玻璃碎片前,虎视眈眈地瞪着我。我犯了个错误,随口用教训的口吻对他说:"怎么摔了东西了?"没想到这孩子闯了祸后已进入临战状态,一听到我责怪的声音,立刻哇啦哇啦哭叫起来,并且张牙舞爪地还要去破坏桌上的其他东西。我当然非常生气:你做了错事还有理了,还变本加厉。免不了我会给他一点惩罚。

后来我换个角度分析这件事：显然，他不认为自己有错，但他想到大人会骂他，因此紧张起来，本能地采取了防御、敌对的姿态。一个三四岁的孩子打碎了一件玻璃器皿，理应认为他无错，因为家长本该将易碎品摆在孩子手脚够不着的地方，这么做既为了财产安全，也为了孩子的人身安全。

这么考虑问题后，再碰到儿子打碎什么，比如一只碗，我仍会立刻跑过去，但我问的是："没有划破手吧？"我注意到，儿子的紧张状态一下子松懈下来，"没有划破。"他回答。并且主动告诉我："爸爸，我是不当心的。"当我把儿子从碎瓷片中抱起来时，心里非常感动。

基于孩子无错的想法，我在许多事情上对儿子会有特别的嘱咐。比如儿子第一次口袋里装着钱出门时，我叮嘱他的第一句话是，钱放放好。第二句话是，万一钱被偷了，你可别吓得不敢回家，因为错的不是你，是小偷。

也许是我一语成谶，儿子成年后真的被偷过一次钱，整整一万元人民币，他本想不让我知道，但当撑不过去时，他还是选择如实告诉了我。我很心痛那笔钱，但还是和他一起谴责小偷。

再比如，儿子第一次自己带雨伞去上学时，因为那把伞是他自己在商店里挑的，首次使用，因此我在提醒他放学时别忘了将伞带回家后，又打趣地加了一句：万一忘了，也别着急，爸妈不会因为一把伞打死你的。那天放学时雨已停了，儿子果然将伞落在了教室里，第二天去找时已没了。我似乎因预料到这个结果而不无得意地对他说，现在明白了吧，"新的东西容易丢"，"喜欢的东西容易丢"。有了这次教训，儿子此后的确很少再丢过东西。

我老婆对孩子比我"宠"得多,但她不像我"废话多",更没有我那条"多余的毒舌"。不过,当我看到儿子并不因自己犯错而恐惧时,我觉得,即使他被盗万元真是我的"毒舌"所致,也是值得的。

在当下中国,社会的目光以前所未有的灼热和偏执聚焦于下一代,他们既是家庭的"宠物",又在成长过程中备受大人的挑剔。在六七十年代,一家三代同住一屋的情况比比皆是,但在父母的眼皮底下我们却有足够的私密空间。那个年代有一个好处,即"读书无用",没有考试成绩将孩子从小分出好坏优劣,做家长的无须为此神经紧张。儿子这一代,许多人从小有自己单独的房间,但他们成长中的私密性却非常有限。我们小时候家虽小,但许多孩子从上小学起脖子上就挂上了家里的钥匙。我儿子直到上高中时我们才给他一把钥匙。这时家家户户进门的钥匙早就增至三把:大楼门、防盗门和内门。进我们家还多一道楼梯门。我们只是谨慎地给了儿子一把防盗门钥匙,他进第一道大楼门和第二道楼梯门,还须按门铃请退休在家的邻居打开(内门我们不锁)。许多家庭都发生过这样的事:家长不允许孩子在自己的房间里锁门,一旦出现这种情况,家长可能会情绪紧张、气急败坏到将房门砸开。其实孩子只是在里面呆坐着。这就是在"独生子女"和应试教育的时代,孩子们所受到的举世罕见的特殊待遇。在这个时代,并非所有人都意识到,孩子们的人生已被"制度"分割为要求截然不同的两个区域:在生活上,他们被视如"宠物",享尽溺爱,被允许"永远长不大";在学习上,他们普遍被期望智力超群、少年老成。曾经昙花一现的"少年大学生"现象至今令人记忆犹新。在这个时代,对孩子身上出现的一些传统美德的缺失,如勤俭、朴素、谦和、敬畏、尊老、自立等等,做家长的已经麻木不仁,有的甚至反以为荣,津津乐道,而在一些事关"利害""前途"的方面,家庭和社会对孩子的表现始终高度敏感和重视,孩子在这方面出现的任何问题事无巨细都难逃大人的眼睛,而且一概被无限夸大。

事关利害的最大的事是学习。这个时代的学校教育已完全蜕变为功利行为,学校已成为社会名利场的翻版。学校教育比的是分数,因为分数事关学生的前程。而且,分数是有价的。在上海,重点高中对于考分稍低于录取分数线的考生,曾经有过一个不公开的"政策",通过额外交钱可以取得学籍。有一阵子,相差一两分,价格是三万至五万元人民币。这种"政策"在全国各地都有,要价不同。因为必须在分数上比高低,比出一分之差、半分之差,应试教育的内容必然越来越繁琐和偏门,充斥着大量垃圾,孩子们在十二年里就为此忙碌。

过去我曾常对自己、也曾对朋友说,在读书这件事上,应该要理解孩子,因为"读书好"这件事,远比我们成年人"工作好"要困难得多。读书好不是一次考试好,不是一年考试好,孩子们永远不能吃老本,不能躺在"光荣榜"上,他们必须在十二年里,始终保持最佳状态,最终鲤鱼跳龙门,如愿考上名校。这需要的不仅是智力,更要有超常的毅力、耐力和信徒般的专注,能够做到这个程度的孩子,真正是百里挑一。

我儿子一个表姐,从小到大学习拔尖,小学、中学十二年,再加大学四年,总共十六年里,她的生活中除了读书没有别的。

我过去对这个外甥女的印象,似乎总是淡淡的一个影子。她和我儿子相处较好,对表弟"学习不用功"比较理解。她常对她的外婆说,读书真的是太苦了。她在同济大学读到大四时,我们都希望她报考研究生,我曾对她分析她的情况,对她说,读书是你的长处,你应该将这个长处发挥到淋漓尽致,博士、博士后都要读,到了那个层次,将来在工作、生活上需要你顺应的人大为减少,不善交际的弱点就无所谓了。我老婆也对她说,这么多年来,你好比在爬一座山,你爬得最快,快爬到顶峰了,现在停下来得不偿失,再加把劲,你就可以摘取山峰上那颗夜明珠了。没想到一向听话的她,听了我们这番话后,一个人躲进屋里大哭一场,然后出人意料地执拗地对她妈说毕业后她要工作,不再考研究生。私下里她对表弟说,她读书读够了,再也不要读书了。她甚至放弃了同济大学保送读研究生的机会。

当然很难说她放弃继续深造是不是一个错误,但从这件事可以看出她的"上进心"还不够,她还不能算是百里挑一。

即使在像她这样品学兼优的模范生心里,读书也早就变成一件令人厌烦和恐惧的事。一旦她考上名校,并以优异的成绩毕业,她对读书所有的不快就忍无可忍了。好比曾经发生过的高三学生在参加完高考后、大四学生在毕业之夜,集体撕抛、焚烧课本的行为,她个人的宣泄方式则更为奢侈,如弃敝屣地拒绝了唾手可得的深造机会。

我也见过儿子被学习吓坏的情景。他上初中时,一次考试考坏了,回家后在我数落他时,他嘴里突然嘀咕了一句令我意外的话:"爸爸,帮我想想办法。"然后一下钻进了落地窗帘,待在里面。他的反应令我立刻想到一个成语：无地自容。

但现在回想这一幕，我印象更深的是我自己当时的心态。老实说，看到儿子为考试分数惊慌失措、可怜巴巴的样子，我内心倒是满意的。我认为这很必要，表明这件事触动到了孩子的思想和灵魂，这样才可以吸取教训，坏事变好事。如果考得不好，还没事人一样，这对于我好比火上浇油，定会令我怒不可遏。我在前面也说过，平常在生活上，我会尽量淡化孩子的过失，希望他在这个年龄上不要因任何过失而恐惧。但是，在对待学习问题上，我和多数做父母的一样，不仅总是把话说得严重之至，咄咄逼人，喋喋不休，而且还经常找话题吓唬孩子。

不少家长带孩子出行时，从不忘记就地取材教训孩子。如看到烈日炎炎下的建筑工人，就对孩子说，你不好好读书，将来就像他们一样，给别人造高楼大厦，自己住草棚，工作辛苦又没安全。看到要饭的，又说，你不好好读书，将来就做叫花子，被人赶，被狗咬。

我不会对孩子学舌这些小市民的育儿经，但我说得更狠。儿子有几个好朋友，在他上小学时，我就开始提醒他：虽然你们现在是好朋友，但将来中考以后，你们之间就可能要出现分化，考上重点高中的人，和没有考上重点高中的人，社会地位不一样了，彼此还能做朋友吗？考不上重点高中，将来考重点大学基本无望。

"你想成为那个没有考上重点高中的人吗？"

后来儿子告诉我，这句话给他的刺激最深。

上世纪90年代后期，国家教育部曾在全国范围内大力推广

"素质教育",以期改善应试教育体制下的学校状况。在那之前,儿子每天放学回到家,第一件事就是扔下书包发一阵疯,在地板上打滚,在地板和沙发之间来回蹦跳,一边叫嚷:

"为什么中午休息时间也不能离开教室?"

推广"素质教育"后,儿子每天放学回家依然先要发一阵疯,但叫嚷的是:

"为什么中午休息时间不能待在教室里,要赶我们出去?"

"素质教育运动"最终成为一场闹剧不了了之。其实道理很简单,应试教育虽然有诸多弊端,有人说它和"科举"一脉相承,落后于当代先进的教育理念,落后于世界文明潮流,但客观上它是最适合中国当下国情、最具公平性的一种制度。在中国,不仅必须用传统的考试方法检验学生接受教育的成果,以决定他们的前程,而且,事关学生命运的考试必须受到严格的控制。有人说"一考定终身"不合理,有人建议借鉴西方国家考评学生的方法,即在决定学生升学方向的总成绩中按比例计入学期考试成绩和平时作业成绩。这类建议始终未被国家教育部门采纳,原因就是"一考定终身"在我国当前国情条件下相对公平。增加一次考试,多计一份成绩,就多冒一份公平被打折的风险。如果像有人建议的那样,学生从小学到高中毕业,十二年里每学期的大考成绩都要计入高考总成绩中,那这个社会就乱了套了。现在我们只须对中考、高考出题和批卷的老师加以监控,如果权力分散到广大老师,如何确保他们公正使用?事实上,最好在体育、艺术类的招生中,对相关的考试方法都制订出严格的量化标准,无法确保客观公正的考试方法,像多数面试,理应取消。

最近国家教委明文规定，学生升学成绩中必须有体育达标成绩。这当然是正确之举，但这样一来，体育老师也有"家教"了，学生增加了负担。当前很少有中学能正常开展体育和音美教育，它们的课时被文化课占用了。在这种状况下要求学生体育达标，对相当一部分学生来说负担不轻，家长也会因此增加社交和经济负担。

有关部门可不能继续出台对音乐美术教育的达标规定啊。

在应试教育体制下，"素质教育"只能叫停，无法双管齐下。

我曾想作个调查，世界上有多少国家有"素质教育"这种提法？据我在网上查询，似乎没有类似于我国的提法。素质教育本应包含在学校教育和家庭教育中，无须特别提出来，更不应成为和常规教育对立的一个东西。但当教育变成以升学考试为中心的功利行为时，素质教育便被完全排斥在外，长此以往后果当然很严重。

应试教育的一个突出特点，就是在中、小学，文科和理科的个性差异被一系列"标准答案"格式化了。前几天我碰到一个朋友，他的一篇文章被用作中学教材，但老师就这篇文章出的考试题目，他本人的回答是错的。他说老师的题目他都看不太明白。老师对每篇课文，从中心思想、段落大意，到文章结构、写作方法、作者评介等等，都有标准答案，这些答案并不是某一个老师想出来的，而是由"权威机构"制定的，通过"教学大纲"和教辅材料等下发至每一个老师。和理科的标准答案相比，文科的标准答案通常会超越事物的自然属性和生活常识，不经过专门的思维训练很难把握。如一篇关于松树的状物文章，老师会问你它有何寓意。通常孩子的回答到不了标准答案的高度，老师那堂课的"教学目的"就是要"启发"学生领会文章的"寓意"：学习松树不畏严寒、不怕雪压、威武不屈、顶天立地的品质，长大后成为像松树那样的国家栋梁之材。老师还会问：由松树的精神想到了谁？标准答案是：保卫祖国的解放军战士。不必说，文章采用的修辞手法是：拟人。

在中、小学，有一类老师给你的感觉特别不真实，他们似乎在工作中"修炼"成了超人，只要走进教室、出现在学生面前，他们立刻就能收起各自在生活中的面貌，表现得真理在握、自信满满。他们讲课的语气不容置疑、斩钉截铁，其中有的老师的讲课风格堪称"叫嚣"。他们的表情给人"目中无人"的感觉。

我曾做过多年老师，深知老师在课堂上，面对几十个学生的眼睛，要做到"目中无人"有多难。这首先需要特别专注于讲课内容，不管它是什么东西，其次要做到对几十个学生的个体存在有所忽略。在他们眼里，学生就是简单的三类，按学习成绩划分，好、中、差，除此之外他们目中无"人"，更不会去留意每一个学生的眼睛，那些"心灵窗户"里的千差万别。这多强啊！我过去当老师时，学生的眼神经常会让我觉得自己是傻瓜。

也有个别标新立异的老师，他会拿出一部分课时给学生自由讨论，但同时他反复告诫学生，考试时必须用标准答案。这类老师活得比较尴尬，其实是在自找麻烦、自讨没趣，领导会骂他，家长会向他提抗议，学生也会觉得他在浪费时间，而在他的课上开小差做别的作业。

这个年代的老师普遍都习惯于简单的工作方法，似乎都变成了"一根筋"。这显然和他们的工作压力大、心理紧张有关。有时他们对待孩子的方法简单到没脑子,实际上往往把简单的事复杂化了。我儿子从小和老师的关系比较紧张,造成这种紧张的原因,是彼此都不肯"变通",我儿子是"一根筋",老师也是"一根筋"。毋庸置疑,道理通常在老师一边,老师得理不让,可以理解为对孩子负责,孩子身上在老师眼里的缺点,都比天大,必须在萌芽状态加以纠正。其实,老师要求的纠正,形式远大于内容,但我儿子同样在形式上寸步不让,这似乎是他的天性。

儿子刚上小学一年级时,一次放学后被老师留在教室里,原因是上课做小动作。但问题不在这儿,问题在老师找他谈话时,他没有在应该响应老师的时候作出反应。我们都知道,老师在找学生谈话时,最后通常会问:"老师今天对你说的话,你记住了?"一般学生会回答:"记住了。"如果声音太轻,老师会说:"声音太轻了,像蚊子叫,老师没听到,说得响一点。"学生大声回答:"记住了!"老师便微笑着摸摸学生的脑袋,放他回家。

但那天当老师这么问我儿子时,一连问了几遍,儿子嘴里连蚊子叫的声音也没有。老师急了,提高声音说:"你是聋子吗?老师的话听到没有,说啊?"但无论老师疾言厉色,还是和声细语,儿子始终不吭声。老师说:"你想回家吗?肚子饿了吗?你回答老师的话,就可以回家去。要不今晚老师就陪你待在教室里。"老师几乎恳求他:"你说记住了,说啊!"儿子还是不开口。末了,老师认为儿子态度恶劣,顽固不化,忍无可忍地在他的"榆木脑瓜"上戳了一指头,说:"你这是什么态度!你要把老师气死吗?"儿子似乎也忍无可忍地"哇"的一声大哭起来,边哭边嚷，伤心欲绝。

我被叫到学校，听老师激动不已地讲述了事情的经过。看着同样激动不已的儿子，我真的很生他的气，无论如何，你为什么不能重复一遍老师的话呢？你为什么要这样和老师顶牛，无谓地消耗自己的精力和体力呢？你这样子对自己的身体健康、对读书有什么好处？就算天天吃人参也挡不住你这样消耗啊，何况中午饭你在学校吃了什么？

我一半是恨，一半也是为了安慰老师，抬手给了儿子的脑壳一个"毛栗子"。

像这样的事在儿子身上不是第一次发生，更非最后一次。早在他刚进托儿所时，就曾因为不肯答应老师一个"好"字，被失去耐心的老师关进了厕所间。我儿子从小喜欢做一些与众不同的事，这其实并没有什么大不了，许多孩子都有这种个性，但他经常不顾场合。在上小学时，他最不喜欢穿校服、戴红领巾。不穿校服问题还不大，不戴红领巾怎么可以？有一回，老师在多次向他提出警告未果后，禁止他进教室，不过，老师还是再给了他一次机会，对他说："老师这里有一条红领巾，今天可以借给你戴上，但你要答应老师，明天一定戴红领巾来上学，好吗？"

儿子到底也没有说出这个"好"字。

事后儿子向我承认，那天他其实是说了"好"的，不过是在心里说的，嘴里就是发不出声音。老师一遍又一遍地问他"好不好"，他感觉自己至少回答了两三遍。但老师怎么能听见他心里的声音呢？老师的手里已拿着一条红领巾，就等听到他说出"好"字来，只要这一个字，老师就把红领巾借给他，今天的事就解决了。老师的耳朵并无特异功能，通常学生的回答还要做到声音响亮口齿清楚，老师才会满意地点头表示听清楚了。

儿子大概想，我已经回答你了，你还不让我进教室，那我还站在这里做什么？于是他扭身就往外走。老师问他去哪儿，他忽然梗着脖子大声嚷嚷道："你不让我读书，我回家去。"老师拉住他说："你还倒打一耙啊？老师没有不让你读书，老师只是要你保证，今后戴红领巾来上学。"

儿子可能在心里嘀咕，我已经说了"好"了，是你自己耳朵聋没听到，怪谁。他坚持要回家，老师拉住他，一时间又气愤又委屈，情绪失控，被眼前这个小学四年级的十岁男孩气出眼泪来了。老师眼泪一出，儿子也哇啦哇啦哭起来。这下热闹了，围上来许多老师，纷纷指责我儿子。儿子心里肯定想，不让我进教室，也不让我回家，这么多大人都来骂我，你们虐待儿童。他嘴里就开始回击，想到什么嚷什么。

曾经有一次，儿子在办公室和老师之间发生类似的对峙，由于加入到对方"阵营"的老师越聚越多，出现了不可多见的一个小孩子"舌战群儒"的奇特场面（现场的一位老师事后对我讲述了这件事，并用"舌战群儒"自嘲）。儿子被围在中间，像受惊而愤怒的灰鹅似的伸长脖子嘶叫，左抵右挡。对于儿子的桀骜不驯，有老师训斥他"一点家教没有"。不过也有老师替他的家长说了句公道话：他家教应该还是有的，他的爸爸妈妈都是老师。

当天晚上儿子病倒了。儿子从小身体瘦弱，白天消耗太大，晚上会发烧。

儿子在学校的表现中问题最大、最难改正、被认为对班级和学校影响最坏的一个毛病，是他对做广播操的态度。早在上幼儿园时，儿子身上就出现了这个问题。他不是做操不认真，而是经常站着不动。幼儿园老师曾多次向我们反映此事，我们也和他谈过，但问题一直没有解决。

据我观察和分析，儿子不是存心不做操。理由之一是他每天都和小朋友们一起正常出操，从来也没有因为不想做操而在出操时间东躲西藏或赖着不走；理由之二是每次做操出问题时，他的状态都是在队伍里低头呆立，浑身不自在，分明知道自己犯错误了，但不知所措。好比想说的话说不出，他心里准备做操，且人已到了操场，肯定不会愿意一个人在光天化日和众目睽睽之下出洋相，但不知哪天就状态不好，脑袋指挥不了手脚。在幼儿园和小学阶段，他都在有上级领导来视察的重要日子犯老毛病。老师还都在前一天找他谈过话，给他打过预防针，叮嘱他明天的早操一定要做，但偏偏那两次他都没做。

在小学发生的那次老师特别生气，因为他已是四年级学生，应该懂道理、晓利害。平时不做操，老师可以放过，但今天是什么日子？在上级领导面前出丑的不是他自己，而是班级、学校和老师。这不是存心和老师作对、损害班级荣誉、损害学校荣誉吗！不必说，班主任老师被校长骂了一顿，她一肚子委屈，将我儿子叫到办公室，气得说不出话来。老师罚我儿子在办公室里站着反省，不许去教室上课。儿子知道自己闯了祸，心里有点害怕，但他对老师的惩罚不服。孩子总有自己的发泄方式，他终于找了个碴闹了一场。等我下午被叫到学校去领他时，他人软绵绵的像虚脱了似的，一看就知道有事。那晚儿子按老师的吩咐写了检讨书，承认自己的行为给班级和学校的形象抹了黑，并保证今后坚决改正。

对这件事我至今感到疑惑。国家在学校推广广播操的目的是什么？难道让孩子做广播操，首先事关学校的荣誉，而不是他们的健康？当一个孩子不肯做广播操时，他就必须被扣上"故意捣乱""损害班级和学校荣誉"的帽子吗？一个孩子必须为自己不肯做广播操写深刻的检讨吗？

当然我明白情况是这样。校长会为全校一千几百个孩子中有一个孩子不做广播操而愤怒。她的愤怒背后是紧张、焦虑和恐慌。许多女校长都不约而同地喜欢标榜自己是"完美主义者"，其实就是美化自己的过敏心态。不幸的是，孩子在学校必须喜欢做广播操，否则很容易被视为向学校荣誉和老师权威"挑衅"的敌意行为。

这事过去很久，一次和儿子说起他小时候的烦人事，他忽然问我："你知道我那时为什么不肯做广播操吗？"

"为什么？"

"广播操里有几个动作特别娘。"

我有点吃惊，说："就算是这样，又不是叫你一个人做，有一千多个人哪，谁会看你。相反你一个人不做，人家就都注意你了。"

儿子回答："有没有人看我，我都不会做的。其实平时做到那几个动作，我都是不做的。"

17 "你来自哪里？"

儿子在新加坡读本科二年级时，他的一件动画作品参加新加坡一个全国范围的大学生艺术设计大赛，进入了决赛，得了"决赛名单奖"。儿子告诉我们，虽然参赛者多数高他一个年级，但他的系主任、英国老师 Chris 对评委最终没给他大奖感到"不公平"，以致由此对颁奖会在超五星级酒店提供的晚宴"嗤之以鼻"。

我和他妈妈都笑了。作为父母，对孩子取得的一点点成绩都会感到心满意足的。儿子和我一样，从小在学校极少得奖，他这次得的这个奖，在我的心理上会被放大十倍百倍。

自儿子出国后，我们的一些亲友都表扬他"长大了""懂事了"。当然，在这些赞语里我也听到了对儿子的过去的含蓄的批评。如果不加分析地对一个孩子作这样的评价，我认为对自己的祖国有失公允。我曾表示，不是儿子突然变乖了，而是在国外的学校老师对学生没有那么多的"关心"，凡事靠自觉，出了事后果自负。我最近曾按我的思维方式提醒儿子说，你和老师搞好关系，毕业后请老师帮忙介绍工作。儿子回答我，那要看老师的工作合同里有没有这一条，没有的话，他们不会管的。我一个朋友的女儿，在国外大学毕业时，学校有意留她当老师，但要求和她签五年合同。我那位朋友对女儿说，签了再说。女儿回答他，你当是在这儿啊,什么都能搞定?

在那样的环境,凡事都要自己面对,父母鞭长莫及,孩子自身的能量很容易被逼出来。

儿子从小到大,我和他之间话不算少。不过过去我们父子间说话,基本都是我说他听,或者他说我听,其实那还不算真正意义上的对话。记得儿子小时候在对我喋喋不休地讲述他的世界里的事情时,常会突然停下来,盯着我问,爸爸,你有没有在听啊?的确,我那时脑子已开了小差,只是作倾听状。同样,在我对儿子滔滔不绝时,他也常常充耳不闻,或者是"这只耳朵进,那只耳朵出"。

儿子出国后,我发现我们父子间的谈话状态发生了质的变化,似乎一夜间我们有了共同关心的,或者说能引起彼此关注的话题。其实,这种变化绝非形成于一夜间,只是它是由父子间传统的交谈方式的改变意外带来的。

儿子出国后,我和他的交流主要在网上通过 QQ 或 MSN 进行,很快我就发现,"网聊"比直接的交谈似乎更适合于我们这对父子的当下关系。尤其对儿子来说,网络更是他习惯、擅长的表现平台。刚开始"网聊"那一阵子,我对出现在网上的儿子颇感惊奇,似乎他变了个人,其实他更多是凭借娴熟的网络手段展示了自己。有时他口出狂言,或爆粗口,若是人在我面前,我多半会沉下脸呵斥他,甚至抬手给他一个"毛栗子"。作为父亲这是必须的,但它会使交谈戛然而止。在网上我可以选择忽略,最多给他一行字:"小心扁你。"儿子立刻轻松地回敬我三个字:"你来啊。"

"网聊"的方式也令我能够耐心、冷静地对待儿子的一些想法。若是在以前,儿子在我面前发表尖锐、激进的言论,一定会被我打断,但是现在我坐在电脑前宽容地想,儿子和爸爸私下里说说这些话,有什么关系呢?难道我不让他说,这些想法在他脑子里就不存在了吗?我也年轻过嘛,我难道还不理解,激进的思想对于年轻人来说是多么重要。好比孩子们就是爱玩杀人游戏,不管男孩女孩都曾手举玩具刀高喊"杀杀杀",但做父母的都知道这并不会使孩子成为杀人犯。我现在也可以心平气和地听儿子说他想说爱说的话,这又会怎样?一个人在人生的许多时刻,都需要将自己假想成另一个人,他变成那个人的可能性很小,何妨给他这个自由。

在那些"网聊"中,我发现儿子很关心时事新闻,但给我印象最深的,是他在出国后,在对自我角色认知方面出现了前所未有的困惑。一次,他忽然对我说:

"小时候你们从来都不对我讲点经济,有时我问你们,你们就说,小孩子别管这个,读好书就行了。"

"你举个例子。"我有点诧异。

"比如,你们从来不说,这个月水费怎么样,我还以为用水是不要钱的。"

我哈哈大笑,说:"我们不就是希望从小把你培养成为一个没有铜臭味的纯洁、高尚的人嘛!"

"但是你知道吗,我现在发现自己很白痴,好像不是正常人。我最近看到一些事,人家好像觉得特别平常,但我感到非常震惊。"

那两次和儿子网聊,他都提到他刚看过的一部纪录片,是关于一次大规模的动迁。在他看来,那部纪录片反映的情况可概括为两个字,就是当地农民的"穷"和地方官员的"黑"。关于后一个情况,我记得国内媒体曾披露过,当地政府将中央财政拨给的大笔动迁费挪用,其中不少钱被地方官员贪污,此事曾被中央查处过,也抓了人。儿子说,以前他对"穷"和"黑"基本没概念,现在他的感受可以用"令人震惊"和"令人发指"来形容。

"以前你没在书里电影里看到过吗?你在马路边没看到过乞丐吗?"我这么问他。

"书里电影里的事能跟真的比吗?那部片子是现场跟踪拍摄的,不是演员演的,给你的感觉就像在你眼前发生。乞丐我是看到过的,但片子里的那些人不是乞丐,他们是普通人,他们看起来却比乞丐还要穷。"

儿子给我讲,有一个老头子,因为无处可去,没有按人家说的日期搬家,结果那天被赶出了村子,住了几辈子的老屋被强拆了,而且先前说好的动迁费也不给他了。这老头子既没地方住,也没钱吃饭,于是他只好去工地上采石头。这些石头正是用来建那个工程的。老头子站在山上,脚踩石头,对着镜头有感而发地说了一句话。

"你们看我在做什么?"他说,"我这叫搬起石头砸自己的脚。"

儿子在这两次网聊中还特别提到纪录片里出现的一个十六岁的少年。他说,这个孩子最叫他震惊了。片子里拍了他的几个情节,一个是他和同学告别,他们将因动迁各奔东西,别人都表示还要继续学业，但是他说，他不准备读书了，"不过，我将来肯定会比你们都有钱。"

另一个情节是他为外国旅行者搬行李，拿了小费后对着镜头说："我知道怎么去驾驭有钱人。"他用的就是"驾驭"这个词语，可见这穷孩子的"心气"有多高。他还说，他不会白费劲去为那些不给小费的老头和小孩搬东西。

一次，他嫌人家给的小费少了，又不是美元，背过身就爆粗口。

儿子说，这孩子开口闭口都是钱，他自己在有钱人面前像狗一样，但他还自视甚高，看不起和他一起打工的人。他自己是穷人，但他极端蔑视身边的穷人。

我见怪不怪地说："这种'国民性'，早在鲁迅的笔下就出现过。"

"书本和现实能一样吗？"儿子仍这样回答，"这个孩子令我感到恐怖！"

这部纪录片的内容刺激了儿子，引发了他对自我身份、角色的认知困惑。

"在国外，你经常要回答人家，你来自哪里？当人家问我，你是台湾人吗？我的感觉很莫名。"

"你应该毫不犹豫地回答，我是中国上海人。"

"是的，我经常说，我是中国人，我是上海人。但人家的眼神在说，你不像。我也感到自己肯定不是外国人眼中的'中国人'。是他们错了，还是我错了？不知道你们这些大人是怎么想的？你们把我们培养成了什么样儿？"

我熟练地打上一段话:"外国人对中国还缺乏了解,甚至有一些误解和偏见,你们出国留学的年轻人,有责任通过和各国留学生的友好交往,通过自身的表现,改变和增进世界对中国的认识。"

"切。"儿子回答,"为什么要我们承担这些?我们自己对中国了解多少?我们能代表中国吗?"

当然,我明白,在这些交谈中,虽然儿子批评我们把他们"培养"成了一种"不伦不类的人",但他表达的语气里又充满复杂性,并不只是简单的埋怨。当他在纪录片里看到仿佛发生在"另一个世界"的苦难和险恶时,他承认自己被"吓倒了"。

儿子向我提出的"培养目标"的问题,给了我很大的震动,引起了我的深思。

儿子生于1989年,在那前后几年间出生的这批孩子,现在都已成年,在他们漫长的成长过程中,我们有没有考虑过"培养目标"这个问题?当然有,这个问题在党和国家的教育方针里始终有明确的表述。

建国初期,毛主席提出:"我们的教育方针,应该使受教育者在德育、智育、体育几方面都得到发展,成为有社会主义觉悟的、有文化的劳动者。"

1995年通过的《中华人民共和国教育法》里对此的表述是:"教育必须为社会主义现代化建设服务,必须与生产劳动相结合,培养德、智、体等方面全面发展的社会主义事业的建设者和接班人。"

党的十七大报告里指出:"坚持育人为本、德育为先,实施素质教育,提高教育现代化水平,培养德智体美全面发展的社会主义建设者和接班人,办好人民满意的教育。"

在这三种表述里,都提到了"德智体全面发展","德"都排在第一位,显示了它的极端重要性。十七大报告里增加了"美",并强调指出"坚持育人为本、德育为先,实施素质教育"。

美育包含在德育中,是德育的一部分;素质教育是实施德育的手段。"德"在党的报告里被如此强调,前所未有。

中国人习惯从"另一面"看问题,素质教育的概念进入十七大报告,从另一面看反映了它在当下教育格局中的严重缺失。

但像以前一样,无论党的文件里怎么说,学校里实际实施的是越来越被强化的应试教育。升学率始终是学校的生命线。升学率高了,一俊遮百丑,什么话都可以说;升学率低了,一年白干,什么也不是,校长羞于见人。在家长的态度里,只要孩子读书好,你要什么给什么,要怎样就怎样。"你要月亮爹妈也给你上天去摘下来。"父母对孩子的分数锱铢必较,对其他方面的表现睁一只眼闭一只眼。孩子读书成绩好,父母的精神状态明显好;读书成绩下降,父母也情绪低落,悲观、自卑。"爹妈的脸都给你丢尽了!"每年中考和高考结束后,必有一部分应届生的家长红光满面,精神亢奋,见谁都问:"你家孩子考上哪所学校了?"大部分家长则恨不能躲在家里不出门,最怕人家提考试的事。

虽然在我们家,我们对儿子的教育不会这么急功近利,甚至我们在家和儿子"不谈经济",但如何以正确、崇高的"目标"培养孩子,我们也鲜有作为。我们夫妻间甚至很少思考和交流这个问题。在儿子从小学到高中的十二年里,我们的身心同样深为应试教育所累,精神长期处于紧张状态。对于当年那些疲惫、郁闷、令人窒息的日子,我老婆至今不堪回首。她身兼家长和老师,能体会到双重的压力,她常说这个时代的家长和老师,毫无疑问是世上或史上最不健康、最不可爱的。

当然树立正确的培养目标,也绝非仅凭一己之力能够为之,何况对我们这一代的多数家长来说,要做这件事的话,自身的内涵、修养、思想境界等也远远不够。

我曾对批评我儿子"没有家教"的那位老师嗤之以鼻,但现在想想,忽有茅塞顿开之感。不管老师说那话带有什么情绪,难道她说得没有道理吗?"家教"是什么?严格地说,中国的家教传统,或传统家教,在我们这一代身上已断掉。在一个崇尚"大无畏精神",曾只讲"阶级斗争"的社会,家教的道德伦理基础已被颠覆。没想到的是,我们这一代在经历了"造反有理""读书无用""信仰危机"之后,竟遇上了千载难逢的"发家致富"的机会,许多人迅速成为百万富翁、亿万富翁,轻而易举地为下一代提供了比自己小时候优裕一百倍、一万倍的物质生活条件,不出意外的话,身后还将留给后辈天文数字的财富。而今天应有尽有的所谓"富二代",广受诟病的一个方面其实就是"缺少家教"。

我们家不是"暴发户",夫妻俩都受过高等教育,多年来从事文化教育工作,但是我们在传统的家教方面同样捉襟见肘,存在严重的缺陷。

我曾问过自己,我有没有过"信仰"?我们这一代年轻时曾在文学意义上被比作美国二战后出现的"垮掉的一代",这似乎从另一面说明我们曾经有过"信仰"和"远大抱负"。

一个人有无信仰,其实从他平常的言行举止上可以看出来,即他在日常生活中有没有敬畏之心和谦卑的态度。我们这一代身上其实从来没有过基于传统和平常心的敬畏和谦卑,在过去很多年里,我们有过的是恐惧和胆大妄为、自卑和妄自尊大。

"文革"结束后,"信仰危机"一词经常被用来表述我们这一代的某种精神状况,但如果我们能够尊重事实和内心感受的话,不必讳言,这其实是一个似是而非的说法。对于一个从小身心受制的平常人来说,那个时代的结束对他意味的首先是蓬勃的新生和对于常识的醒悟,而非"危机"。

儿子在国外对于自己"身份""来历"的突然发问,我理解是一种自我意识的觉醒,也反映了在他这一代人身上文化归宿感的先天性匮乏。其实这几年,我从儿子对待艺术的态度中已注意到他精神、性情上的一些变化。我希望今后他能经由自己所选择的艺术之路,回归中国文化,找到自己的文脉和创作之源。这其实是一句套话。儿子小时候在课外接触最多的,是美国和日本的动画片,如《大力水手》《宇宙英雄奥特曼》等,我其实非常希望他将来能有机会做自己的作品。在此深深地祝福他!

18 成人的世界

这些年在成人的世界里，其实也充斥着攀比和较劲。虽然成人不像孩子那样把比较明摆在桌上，但他们比的东西比分数更直接。如两个第一次见面的男人坐下来聊天，话题很快会涉及彼此的收入和住房等。我最近在一个活动上碰到一位名片上印着"国家一级作家"的作家，在车上寒暄中他就直截了当地问我收入情况，我以"不太清楚"搪塞他，但他不依不饶地追问："怎么会不清楚呢？"我只好推托"工资卡在老婆手里"。但私下里我也扪心自问，如果我日入万金，我仍会如此矜持吗？

女人之间比的东西更广泛，除了丈夫、孩子、房子等，服饰、包包、化妆品等等，都是她们相互比较的内容。

令男人尴尬的是，随着信息技术的发展，社会生活透明度提高了，男人对女人编织神话的传统功能大为削弱。尤其在大城市里，男人被女人比较的压力大增。

无处不在的攀比，显示着社会的价值观念和生活方式再次趋向雷同，只是这一次走向和过去"唯心主义"相反的"唯物主义"。

上世纪80年代，报上对过上温饱生活却不知感恩、牢骚满腹的人有一种形象的说法，叫"端起饭碗吃肉，放下饭碗骂娘"。

今天穷人骂娘，富人也骂娘，骂娘更狠的是富人。富人比骂娘更绝的是大规模移民国外。

有人说,富人都骂娘,反映了社会大家庭公平公正的严重缺失。又有人说,富人骂娘,首先这种态度本身的诚实和公正就值得怀疑。

有人说他做梦也没有想到,中国足坛十年间最好的"金哨",正是最坏的"黑哨"。又有人说,现实生活中有多少人同样具有不为人知的双重身份,明里是"监考员",暗里是"作弊者"。

许多人说不出社会的"核心价值观"是什么,但都很清楚现实生活中的价值观。在中国,公务员考试早已是千军万马过独木桥,许多岗位的竞争为数千比一,最激烈的出现过六千比一。我曾听一位做母亲的对自己敦促毕业于名牌大学的儿子报考公务员一事解释说:"公务员幸福指数高。"

这是民间的共识,但它似乎有意忽略了同样应该不是秘密的"官场生态",如无处不在的形式主义、森严的等级观念、庸俗的人际关系,等等。

一个熟人曾用动物打比方,形容"我们这些人"在官场中的多变角色:下级面前的老虎、同事身边的狐狸、上司屁股后的狗。

有人说,官场中个性最受压抑的是年轻男子,因为他们资历浅,地位低,他们拥有的才华、青春和英俊,在学校时引人瞩目,特别得到女生的青睐,但进入机关后就黯然失色了。在机关里,女性的目光齐刷刷集中在领导身上。最可怜的莫过于那些在机关里熬到两鬓斑白仍然职位低下的中年人。

但是不管你是怎么看待官场中人,在和他们打交道中,你会发现他们身上的确散发出高人一等的优越感，他们津津乐道的是那些在他们心目中神圣不可侵犯的官场规则，对包括"潜规则"在内的官场"秘笈"的深刻领悟和运用自如，令他们得意洋洋。

对于这些东西，年轻人比他们的前辈学得更快，下手更狠。在官场中一些年轻人身上，赤裸裸的唯上，表现得迫不及待，直奔主题，丝毫冠冕堂皇、自尊自爱的表面文章都不做。

有一回，我和诗人魏滨海受邀去某地担任一个征文活动的评委，事毕，主办方留我们吃晚饭。席间隔壁房间有人过来敬酒，陪我们的一位年轻的文化官员让来者先敬客人。那人大概看我有点面熟，便先冲我而来。正在我起身要和他碰杯时，年轻的文化官员将他拉住了，对他说，先敬魏书记（魏滨海时任区委机关党工委书记）。那人立刻缩回手，撂下我去敬魏书记。

我举杯的手僵在半空，脸上就有些挂不住，差点拂袖离席。

当然"拂袖离席"云云，多半是事后的愤激之语。如前所述，我早已习惯主动"靠边站"。我也很清楚，年轻人的言行举止是平时耳濡目染、训练有素的结果。

扎堆

中国人爱扎堆是出名的，在业余时间，我们热衷于扎堆活动，吃喝、唱歌、洗脚、打麻将等。出门旅游也爱扎堆。节假日家人团圆，这本是中国人最重视的传统，但今天在中国，许多男人每周的双休日比上班还忙，难得在家吃顿饭，即使在五一、十一、春节这些长假，和家人待在一起的时间也有限，带家人出门度假是"完成任务"。在不少男人眼里，出门不带老婆是一种男子气概的表现。今年十一期间，我的朋友王兄邀请我去奉贤玩，我偕老婆同行，当日只身出现在奉贤的王兄对我说，他出门从来不带老婆，宁可给她钱让她和孩子自己出去玩。王兄的可爱在于，他似乎完全没有意识到他的话很容易被我理解为对我老婆的冒犯。当然我们夫妇俩也并没有因此恼恨他。

一个中国人越有钱，地位越高，他在家里待的时间就越少。他通常用一种既似抱怨又像得意的口吻说自己忙得没时间回家吃顿饭，但其实他真正用于工作的时间，自己心里是有数的。我熟识的一位领导曾告诉我，他每天花不了两小时便足够处理公务。他向我透露，他让手下在他办公室里安了一台电视机，每天下午多半就是三件事：睡午觉；看电视或看DVD；为晚上去哪儿吃饭打电话。民谚有曰：五等男人，下班回家。有一阵学习理论，他的个人总结也由手下替他代劳，正如过去他的上司要求他的那样。

麻将在中国成为最受欢迎、长盛不衰的民间娱乐项目便不足为怪。无论是富人还是穷人，男人还是女人，对麻将的热衷是一样的，在麻将中得到的寄托也相似，不同的只是麻将"腊子"有天壤之别，高的输赢几万几十万，低的可以仅是几元钱。

上周和几个朋友吃饭，在座有几位麻将迷，吃过饭他们就要去打麻将。其中一个说起麻将的好处来，他说，如果双休日让他待在家里，那一定会生病的；反过来说，如果他身体不舒服，那么吃什么药都不如打一场麻将管用。前几天他高烧发到40度，朋友"三缺一"叫他，他爬不起来，朋友干脆就闯到他家里来，结果一场麻将打完,他钱也赢了,高烧也退了。

另一个说,他的包里永远搁着几只麻将牌,夜里在外面玩,碰到老婆"电话查岗",不管在不在打麻将,他必定先将麻将牌往桌上砸一下,冲着话筒叫:"碰!"老婆唯独听到麻将声就没话了,因为她自己也是同道中人。

同桌的人都说,放假不打麻将做什么?"待在家里人要坏掉的。"许多人呼朋唤友去外地,貌似旅游,其实根本无意山水,进了宾馆就关起门来通宵打麻将。包括许多女人,双休日早晨起来,如果约好了下午打麻将,那么上午在家做家务就很主动,脸上挂着笑容。如果约不齐人,则一天都没精神,饭也懒得做。如果丈夫或公婆对打麻将的事说三道四,那她很容易失控发作。不让打麻将,别的事也免谈。十年前打麻将有一定的风险,有人被抓过,但后来对麻将网开一面。对黄、毒、赌,在我国禁毒最为严厉,禁黄时紧时松,对以麻将为工具的赌的查禁最温和。

麻将普及到何种程度?多年前民间就有一种说法,坐在飞机上听到麻将声,就是成都到了。我去过成都两次后,相信这种说法并不夸张。成都郊外有一座"农家乐",一条沿湖长廊,蜿蜒盘曲,里面一张紧挨一张摆满麻将桌,日日夜夜人头攒动,烟雾弥漫,稀里哗啦,浩浩荡荡,一眼望不到头。

二十多年前,上海作家沈善增写过一篇微型小说,描写了上海街头发生的一幕情景:有一个人趴在窨井上往下看,不一会儿那儿人越围越多,里三层外三层,造成了交通瘫痪。至于看什么,前面的人和后面的人说出来的风马牛不相及。

这种情况在上海话里叫"轧闹猛"。

扎堆和"轧闹猛"有相似之处，但不完全同义。"轧闹猛"的核心是求热闹，是找乐；扎堆的实质是怕独处，是找依赖和寄托。

昨晚我看了一期上海电视台的名牌节目"新老娘舅"，上这期节目的是一对各自经历了婚姻离异的中年情侣。听他们自诉，两人相识于网上，见面后彼此很中意，女方很快就住到了男方家里，眼看就要登记结婚了，却出了问题：女方发现男方很花心，男方则受不了女方的猜疑和极端行为。

我这里要说的是女方讲的一件事：一次男朋友带她去杭州玩，可是到了杭州她发现，男朋友还约来了他的一个女网友，而且两人在杭州相处甚欢，吃饭时还坐在一起，彼此话很多，她坐在他们对面，倒像是局外人。男朋友对她解释说他和女网友都是搞直销的，他乘这次度假的机会约对方过来是公私兼顾谈生意。她无法理解男朋友的这种做法，也无法理解那个女网友的"厚颜无耻"，就问对方，你也在做直销？对方的回答和男朋友的说法不同，人家说，她没做直销，对直销一窍不通，也不会去做，只是在网上认识了这个圈子里的人。她就问，既然你不做直销，为什么大老远地过来？对方回答，他约我过来，我就过来了，听他说说也好啊。

"你知道我是谁吗？"她问对方。

"知道啊，他告诉我了。"

看了这期节目，我对这位被当事人提到的"女网友"印象深刻。她明知人家是情侣游西湖，仍只身大老远地跑来赴约，看来不太像为男女之事。但如视为来"谈生意"，她又明确表示自己不做直销。她的行为既无理又失礼，令人匪夷所思。不过，我就凭电视上人家说她的这件事，就足以相信她一准是那种不愿意一个人待着的人。在传统意义上，女人比男人更需要学会独处，如果说这是女人的无奈，那么信息技术的发展，网络世界的出现，为女人解决了这个难题。不难想象，这个女人经常上网，进入了一些陌生的"群"，她肯定也不是第一次显身出来参加似是而非的"群"的活动。她用这些忙碌回避了独处的问题。

我们还是孩子时就知道，在动物界，通常越是高级的动物越有独处的需要和能力。我小时候爱斗蟋蟀，从中得到一个体会，连这小小的昆虫，其中的极品也必定是特立独行的。我常在砖石下翻出一群蟋蟀，这些一个都不能要。难忘的是曾在棉花地里，循着一缕低沉的虫鸣，匍匐十多米。那蟋蟀的叫声非常特别，让你感觉它无处不在，但事实上在那一片棉花地里绝无仅有。那是一只体格健硕、威风凛凛的蟋蟀，当我终于锁定它，并用网兜罩住它时，心脏狂跳。我得到它两天后，带着它挑战六一新村的蟋蟀王，结果它将对方咬断一条腿，甩出蟋蟀盘。搏斗时它不叫，取胜后振翅一鸣，声震屋宇。

在人世间，"万物的灵长，宇宙的精灵"（莎士比亚语），却似乎正在失去高贵的品性。自个儿在家里待半天就会"坏掉"，这几乎已是一具行尸走肉。

独处并非是处世上简单的特立独行，当然更不是"形影相吊"。内心独立、自足的独处状态，反映了做人的内涵和修养、自我的丰富和强大。

我们经常议论信仰的问题，事实上说信仰太远了，在我们身上，都已很难找到单纯的艺术之爱。近几年我在地方文联挂职，每年我们都会举办一些艺术展，有的展览质量相当高，但所有的展览就是在开幕那天热闹一下，基本是自娱自乐。其他地方的艺术展馆情况也相似。这二三十年间，做父母的都反对自己的孩子将来从事艺术工作，他们在课外送孩子去艺校学艺只是希望以后在升学考试中能够得到加分。高校艺术类专业的学生，在社会上普遍被视为"差生"，事实上他们也多半是应试教育中的落伍分子。一些成名了的青年艺术家，在谈到自己的成长经历时，大都会提到两件事，一是父母的反对，二是从小"数理化很差"——他们终于可以公开宣告对学校教育的唾弃。

我有一位朋友的儿子，从小学习成绩很好，大学学的是金融专业，后来去法国留学。在法国他发现艺术的价值是如此之高，艺术家和艺术作品在社会生活中极受尊崇。他身上的艺术细胞被激活了，当机立断放弃金融专业的深造，改学艺术。我朋友抱怨道，这样一来，儿子之前在大学的学习，所花的时间和金钱都打了水漂。我说，你儿子能够找到自己的所爱，虽然晚了点，但他还是幸运的。

前一阵，我的驾校师傅的儿媳妇，三十来岁，忽然失踪了，后来才知道她跟搞传销的人跑到东北去了。在那儿她参加了地下传销培训，很快她就发现，自己的人身自由受到了限制，而什么时候培训结业，就看她什么时候交足四万元加入费。她不敢给家里打电话要钱，只得向妹妹求助。不必说，那笔钱成了她的赎身费，有去无回。

为什么传销在中国屡禁不止，传销的神话总有人信？有人说中国人想钱想疯了,我看这不是唯一的答案。

我还在学校工作时,一天,一个姓张的老师在校园里朝我走来,神秘兮兮地对我说:"今天吃过午饭我去你宿舍,有点事和你说。"

那个张老师从未来过我宿舍,我摸不透他有何事要来我宿舍谈。让我吃惊的是,他来时还带了几个老师。然后更匪夷所思的一幕发生了:张老师喧宾夺主地招呼大家坐下,在我宿舍门背后挂上了一块他随身带来的小黑板,刷刷刷地写下"传销"两个大字,开始给我们上课了。

那是我最早听到"传销"这个词。我平常熟悉的张老师,性格内向,拘谨、腼腆,但那天的张老师判若两人。他对同事搞突然袭击就不是他一贯的为人风格,而他丝毫不顾我们的意愿,长篇大论、慷慨激昂地对我们进行宣讲,目光炯炯,态度霸道,我只能用瞠目结舌来形容我当时的感受。张老师啊,恕我直言,我当时几乎要崩溃,感觉面对一个长着一张熟悉的脸庞的陌生的狂人。

过了没多久,我接到一个老友从远方打来的电话,他对我说,你一定要抽空到我这儿来一次,我有重要的事和你说。我问,什么事?他说,你来了我告诉你。因为路途遥远,我不得不再问:关于哪方面的?他仍然只是回答:你来了我告诉你,事情非常重要,你一定不虚此行。

我不由得笑了,说:"是传销吧?"

"你怎么知道?"他非常吃惊。

传销为什么在中国会变质?种种迹象表明,想发财想疯了是一个方面,另一个方面是传销使用的那套"中国特色"的营销模式和宣讲语言,对没主见的人特别具有"煽动性"。一个衣衫褴褛的穷人无所事事地站在路边,你递给他一根打狗棒,要他跟你走,他未必会理睬你,但你若递过去一杆"枪",他没准就会接住跟你走。传销的营销模式和宣讲语言,包括它的口号,处处透出一个"狠"字,它不仅抓住了我们的物欲,点燃了发财梦,而且轻易击中了我们的精神软穴。当我们由于自卑和迷惘,无法说出心里的想法时,发现自己可以跟着别人一起大声呐喊:

"赚钱!赚钱!赚大钱!"

"我是最棒的!"

"今天我一文不名,明天我是百万富翁!"

这些粗糙、疯狂、似是而非的叫嚣,阿Q似的自欺欺人的疯话,很快会让我们觉得莫名的受用,似乎正是自己需要的。这时,也许我们已经"走火入魔"。

据查今天的"政治",在古代就叫"经济",或前者包含在后者的词义中(经邦济世、经世济民,含有"治国平天下"的意思)。

今天的"经济"呢?有一句权威的领袖名言:"经济工作是当前最大的政治,经济问题是压倒一切的政治问题。"

模仿秀

中国人的模仿心理,在扎堆这一现象中就反映了。中国人的时尚,往往会被模仿到恶心为止。

模仿有两种基本情况，一种是利益驱动。2002年电视连续剧《激情燃烧的岁月》火了后，一夜间众多跟风之作就出来了，有的甚至连剧名也模仿，如《激情难忘的年代》。2004年，一部《中国式离婚》热播后，《中国式结婚》《中国式再婚》《半路夫妻》《离婚女人》《我们俩的婚姻》等跟风之作挤爆荧屏。《结婚十年》后立刻就有《再婚十年》。这些"衍生物"大都没有生命力。事实上，这三十年间，从当年的《渴望》到近年来的《大宅门》《潜伏》等，这些真正引起轰动并且成为经典的名利双收的电视剧，都具有鲜明的原创性。搞电视剧的人未必不明白这个道理，但是这个行业的从业者多数人既无创造力，又抱着急功近利的想法，压根儿没把自己做的事和艺术沾边。他们中不乏有人明着说："不要和我谈艺术性。"不谈艺术谈什么呢？首先他们把自己做的戏的受众定位很低，他们把受众定位为那些文化程度低、不懂艺术、精神生活贫乏的社会底层人物，他们用轻蔑的口气说："我们的戏就是拍给那些下岗女工、保姆、家庭妇女看的，她们只相信眼泪。"

不知道是把"她们"看成弱智，还是他们本人智商不高，他们经常胡编乱造一些天灾人祸，医院更是那些戏里最常出现的场景。

模仿的另一种情况是"秀"，是做给别人看，赶时髦。模仿秀已成为生活中随处可见的蹩脚的时尚。比如说，中国已成为世界名牌服饰的最大市场，但中国人穿戴的名牌服饰，绝大部分是假的。叫花子身上也常穿着一条"耐克"的裤子和一双"阿迪达斯"的鞋子。

十年前，上海曾匪夷所思地流行一种葡萄酒的喝法，即在葡萄酒里加雪碧和话梅。即使是昂贵的法国葡萄酒，也不能幸免。那时的酒店为迎合客人的这一时尚，都备足话梅。偶尔碰到酒店里话梅断档，做东的人一定会吩咐伙计立刻出去买来。在这种时尚下，喝葡萄酒不加雪碧和话梅，会被认为很"巴"。

社会上出现了暴发户后，接踵而来的是生活方式的"贵族化"热潮。最早在民间被冠以"贵族"之名的是1990年代出现的一批私立学校，但没几年它们就纷纷沦为"破落贵族"。其实它们原本就是假贵族，无非是投合暴发户的虚荣心，让他们为儿女多花钱。无锡有一所"贵族学校"，上海有许多孩子被送去那里读书，当时它昂贵的学费令普通家庭咋舌，而有实力送孩子去那里的家长，一脸的骄傲犹如将孩子送进了天堂。我有几个熟人的孩子也在那儿读书，有时碰面说到孩子，他们最喜欢对我说："这也是你可以为儿子考虑的一个选择。"公立学校在他们嘴里狗屎不如。其实他们并不真正懂得教育，他们的兴奋点和教育本身没有多少关系。

后来有关这所学校的倒闭，我在网上看到过一段视频，是曾经在那里读过书的学生拍的，真是充满伤感。坊间流传它倒闭的原因是经营不善，以及它的"贵族校长"卷款潜逃。其实这些都是表面现象，根本原因是它"贵族化"的定位出了大问题，在我国的教育体制下，最终还得升学率说了算。

今天回头看，上世纪90年代出现的"贵族学校"，是我国教育体制上的一个怪胎，必须对它进行大手术才能存活。那时熬过来的少数私立学校都已"去贵族化"，现在新办的更不敢标榜

"贵族",它们在应试教育上比公立学校走得还远。

吃住行的"贵族化"就不要去说了,就是体育项目也被分出贵贱。高尔夫球这些年在我国被认为是"贵族的运动",各地的会员制高尔夫球俱乐部吸引了众多富人成为其会员,事实上其中相当一部分人对高尔夫一无所知,更谈不上对这项运动的喜爱,他们的加入只是一个昂贵而盲目的模仿秀。

我本人是个体育迷,小时候爱打乒乓球,参加过校队。十年前装修新房时,我买了一张乒乓球台摆在家里,做了一件儿时做梦都没敢想的事。近年来我爱上了网球运动,每周有半天上网球场。我每周还至少有四次去游泳馆游泳。我喜欢体育运动,乐在其中,但是自从我的熟人中有人打高尔夫球后,我从他们的言谈态度中渐渐感觉到自己"玩的东西层次较低"。一次,在一个活动上认识一个人,他听说我打网球后,高深莫测地看着我说:

"不过,你还应该去接触一下高尔夫……"

我的朋友楚尘也是一个网球迷,我虽没机会和他交手,但我已感觉到他具有专业水平。当他碰到某些高尔夫球俱乐部会员的傲慢态度时,他的反应远比我激烈,他毫不客气地直接就用网球回击高尔夫球。

一次,他把他的见解告诉了我,他说,和网球相比,高尔夫球是一项"小儿科运动"。一是高尔夫球是一个人的运动,球员没有对手,他永远只是和自己比;二是高尔夫球玩的是球和地面的关系,而那些顶尖球手对他们比赛用的球场非常熟悉,他们平常经常在那儿打球,比赛中他们要做的就是努力复制平时训练中最好的那一次。高尔夫球的最高境界就是控制,它的目标早就设定，在那儿一目了然，你必须做什么一清二楚。这和网球怎么比？网球的特点是变化无穷，每一个球都充满变数，速度、旋转、落点、弹跳，没有两个球是一样的。

"和高尔夫球相比，网球是高智商的运动。"这是楚尘的结论。

我本人说不出这番话来，听楚尘说得掷地有声，我开心得哈哈大笑。

弱视

中国人最喜欢得到的评价是"成熟"。当然女人喜欢"漂亮"，但女人对别人说她"漂亮"，也会怀疑是恭维之词，甚至是"讽刺"。许多成功的女人爱在人面前公开称自己"很单纯"，甚至"很傻"，但如果你以此作为给她的赞语，她一定会反问你：你认为我很单纯？她意味深长的表情似乎在说，小心我把你卖了你还在帮我数钱。称赞一个女人"成熟"，或许她也会想到弦外之音是说她老了，但"成熟"无疑是她本人最认可的档案评语。反之，"单纯"可能是最受排斥的。

至于男人，当然更希望在任何场合都被认为"成熟"。

成熟的标准是什么？在中国人的观念里是"复杂"。我经常参加会议，在各种会上总能听到一些头头是道的发言，有华丽的辞藻，曲折的表达，含混的结论，貌似充满辩证法，实际上只不过是对各种利益、利害关系的掂量权衡，有的甚至言之无物，自相矛盾。但这些发言通常能得到很高的认可度。对一些尖锐的发言,多数人的评价是幼稚、偏激,甚至发言者的人品也会受到质疑,如"狂妄自大""素质低下""心态不好"。

大部分中国人看问题的眼光都很复杂,并且相信这样看问题是对的,是有水平的表现。我们用这样的一对眼睛引导自己的生活,并且用我们的经验指导和规范孩子的人生。中国民间有一句老话:不听老人言,吃亏在眼前。中国人还喜欢对晚辈说:"我吃过的盐比你吃过的饭还多,我走过的桥比你走过的路还长。"中国人非常信赖自己的经验,也惯于将自己未了的心愿延续到孩子身上。我们的传统里有的是老庄式的自我解嘲,但缺少颠覆性的深度忏悔和自我反省。我们以为自己看得很远,而从不自问,我们的目光究竟能看到多远?

在街上,一对父子同时仰起头,孩子指着天空说:"爸爸,飞碟!"

父亲打掉孩子举起的手:"不要瞎说。"

父亲的手指向天空下一幢在建高楼:"看到那上面的人了吗?多辛苦!你现在不好好读书,将来那上面的人就是你。"

"我现在就要上去!"孩子却兴奋地回答。

父亲们的目光总是可以丈量,其方向也很容易预测。

一个心思庞杂的人,他的目光其实是短浅的,好比陷在迷魂阵中,总是撞墙而返。而一个如孩子般单纯的人,他的目光清澈透明,与天穹相接。

是滚滚红尘遮蔽了我们的眼睛,使我们老于世故而鼠目寸光?我们给孩子讲的"上进心",为什么得不到孩子的响应?我们是全世界付出最多的父母,真心实意"为孩子好",为什么得不到他们的认可和感恩？

最近又在报上读到一则家庭悲剧：一个高三男生在早晨上学前，当着父母的面从十多层高的家里跳了楼。报道称，当时孩子和父母之间为学习上的事发生了争执。

后来碰到晚报记者，问起此事，她告诉我，那对父母当时狂奔到楼下，抱起已经丧命的儿子，悲痛欲绝，失去控制地扇其耳光，朝他吼："你怎么可以这样对我们？"

报上只说为学习上的事，没说明什么事，我只能自作分析。对一个高三学生来说，学习上的事有三类，一是硬件方面的，二是学习成绩，三是高考方向。中国的父母对子女学习上的物质需求都会全力以赴，何况那个家庭有房有车，条件不错。一个大清早，在孩子上学前，父母和他之间爆发争执，一定是为后两方面的问题。父母在儿子走了绝路后扇他耳光，表现出满心的委屈，说明他们至此仍然坚持自己的正确，仍然在责怪孩子。要是孩子当时不是自毁生命，而只是毁物，如抱起一台电视机扔出窗外，那父母一定会明确地指责他"错上加错"，同样会扇他耳光，当然心情和表情是不一样的。

为什么面对孩子的血做父母的仍然不能意识到自己的愚蠢？

有一个我熟悉的女教师，曾对我讲过她成功的育儿经：一天夜里，她的儿子没做完作业就上床睡觉，她要儿子下床去完成作业，说了几次没反应，她就开始在被窝里掐儿子的腿，一直掐到儿子忍受不了下床去做作业为止。

我儿子上小学时，我也曾有一次在半夜三更将他从被窝里揪出来，强迫他完成作业。

那几道题真的有如此重要吗？毋庸置疑，有一个声音始终在我们耳边说："细节决定成败，这关系到孩子的前途和未来。"

那晚儿子一边流着泪抄写词语，一边嘴里嘀咕："你们还是我爹妈吗？"

我朝他吼道："不是你爹妈，傻子才会半夜三更不睡觉陪你做作业。"

"那我情愿你们不是我爹妈。"

儿子的话非常刺痛我，令我发呆，我忽然意识到自己既愚蠢又疯狂。

儿子在半夜三更被我的手从被窝里揪出来，那么我的脖子又是被谁之手揪住了呢？

昨晚在电视上看到一则广告，叫卖的是一套"学习动画"。它借一位年轻母亲的口说，她的孩子出生后，她本想让孩子自然成长，给孩子一个快乐的童年，但是亲戚朋友都提醒她说，你现在不对孩子进行学前教育，到孩子上小学一年级时，你会发现其他小朋友已学到三四年级的课程，你的孩子已远远输在起跑线上了。怎样才能做到让孩子学习娱乐两不误呢？"学习动画"解决了这个难题！年轻母亲喜气洋洋地说，她的孩子还没上小学，但因为用了"学习动画"，现在已认识汉字几千个，并且能够"流利地使用英语"。这时屏幕上出现了一个中国幼儿和一个老外交谈的画面。

这个世界真是疯了吗？

胎儿如果能看到外面的世界，他还愿不愿意出生？或者说，人如果可以回到母腹中，有多少孩子愿意回去？

我发现中国的社会存在一种与孩子为敌的思维。这个观点其实在许多做长辈的人对孩子说的话里都能听到。比如一个上幼儿园的孩子回家抱怨老师总是给他们上课，不让他们玩，爸爸妈妈这时就会教训他说："你现在就叫苦了啊？你的苦日子还没开始哪。"

孩子上学被认为是苦日子的开始。其实不仅是孩子的苦日子，也是父母、家庭的苦日子。

让孩子吃点苦是应该的，可以锻炼孩子的体质和意志。但中国的孩子在体质和意志方面的状况一直是最令人担忧的，据我们自己作的调查比较，我们的孩子已不如日韩的孩子，而且这些年体质上的差距还在拉大。

我记忆犹新，1992年，中日之间曾组织过一次中学生野外探险夏令营，地点在中国，事后青少年问题专家孙云晓撰文指出，中国孩子表现不如日本孩子，既有意志薄弱的原因，也有体能差异的原因。十四年后，2006年，由国家教育部、体育总局和团中央联合成立的全国学生体质健康标准推广活动组委会，举办了一个"体能训练营"活动，邀请了中日韩三国的数百名大、中学生参加。据中国记者的现场报道，一天，刚从"定向挑战对抗赛"下来的两名韩国学生异口同声地对记者说："一点也不累。"而站在一旁的中国学生早已气喘吁吁、大汗淋漓。比赛开始前，已有中国参赛学生因中暑而退出。在攀登居庸关后，中国学生王鹏承认："韩日学生体能比我们好，他们中途不用休息，而我们需要歇很久才能恢复体力。"

"体能训练营结束后，主办方对定向挑战对抗赛开始前、结束后、结束后1分半、2分半、3分半的各国中学生的心率数据进行对比分析，发现中国学生在运动中的耐力水平和运动后的恢复能力都远低于韩日学生。"

"此外，在（2006年）8月19日的'首届中国青少年体质健康论坛'上传出消息，据教育部、科技部等部委从1984年到2004年组织的数次全国学生体质健康调研报告显示，学生耐力素质在20年里持续下降，速度、爆发力、力量素质呈阶段性下降，学生中超重与肥胖检出率不断增加，视力不良检出率居高不下。"
（引自《中国青年报》2006年8月30日）

可见中国的父母告诫孩子上学后的"苦日子"，与锻炼他们的体质和意志无关，相反我们的孩子从小就被剥夺了玩耍的时间、体育活动的时间和充足的睡眠时间，他们在学校参加社会实践的机会几乎没有（我们这一代上学时还讲"开门办学"，中学阶段每学期有两周"学工"或"学农"）。我们的孩子吃的是另一种苦，他们出生后即被不断地要求做超越年龄、违背童心的事，去完成对他们中多数人来说无法完成的学习任务，他们甚至只是被当作老师和学校提高学习成绩的试验品。中国的夫妻生下孩子后都希望他将来能考上名校，孩子从小就被设定了高标准的人生目标，很少有长大后做普通人的想法。这是应试教育的一个特征，是单一的社会价值评判体系的一个特征。

因此，对多数中国的孩子来说，他们的学业生涯注定是充满失败并以失败告终；对多数中国的家庭来说，他们的教育投入注定是充满失败并以失败告终。这是我们最苦的事。一个社会为什么要这么作弄它的大多数成员呢？想一想那些家庭和孩子多年来为"名校梦"付出了什么，为什么不能让他们早点获得解脱？

事实是对多数普通家庭来说根本没有退路，高考是他们的唯一指望，再难也要撑到考场上。甚至高考在中国人的观念里已被当作孩子成长过程中必不可少的经历，考场被当作孩子接受命运检阅和洗礼的圣殿。一个孩子没考上高中，一般就被认为"完了"。

前几天我家来了一对夫妻，都是知识分子，他们的儿子在我老婆的学校上初二，他们为儿子的事来找我老婆。夫妻俩显得非常焦虑，原因是儿子近期学习成绩下降。围绕这个问题，夫妻俩分析了原因，显然这个问题在他们之间已充分议论过。他们谈了三方面的原因。第一方面是孩子学习不自觉，贪玩，爱睡觉。他们举了两个例子，一是他们的儿子每个双休日都要去打半天篮球，经常约不到同学，他一个人也要去，和小学生玩他也去。另一个例子是他每天晚上做作业最多做到九点钟，十点钟就喊困了要睡觉，而他们打听过，他的同学上初中后没有人在十一点钟以前睡觉的。第二方面的原因是他们"检查"过儿子的日记，结合儿子平时的表现，他们发现儿子有"早恋"的迹象。第三方面的原因是儿子所在的班级"风气"不太好，据他们观察，班主任是个好人，但对学生太客气，"不够辣手"。

他们对我老婆说，他们今天为儿子的事来找她，其实纠结了很久。有时他们也想算了吧，对儿子要求太高是不是不切实际？儿子其实很可爱，性格开朗，也很懂事，有时出门在外，儿子已懂得照顾妈妈。就是学习上的事把一家人搞得很不愉快，把大人和孩子的关系搞得剑拔弩张，有时都感觉要崩溃了。但反过来想,孩子的学习现在不是每个家庭的头等大事吗?做父母的能在这关键时刻放弃吗?就是被儿子恨也要坚持下去。

他们表示,如果今天说了什么不合适的话,请老师多多包涵。

夫妻俩说到了此行的目的:解决问题。他们告诉我老婆,对孩子在家里表现的监督,他们已经采取了措施。首先已将家里的电视天线和宽带网线都拔掉了,他们决定在儿子中考前和儿子一起在家不看电视、不上网。对儿子的作业问题,他们已和任课老师作了沟通,今后每天都会及时了解老师布置的作业情况,检查儿子的完成情况。对儿子在学校的问题,他们希望在我老婆这儿开个后门,给儿子调个班级,一箭双雕地解决"班风"对儿子的不良影响和"早恋苗子"问题——他们确定不安定因素在班里。

听了夫妻俩的请求,我老婆明确地告诉他们,调班级的事在学校没有先例,绝对不可能。不过我老婆肯定了夫妻俩加强和任课老师沟通、加强对儿子回家作业完成情况检查的做法。关于"班风"和班主任老师管理班级的个人风格,我老婆表示,不同的"班风"和老师的个人风格总是存在的,关键要看效果,那个班的总体成绩在年级里不差。当然,考虑到他们的儿子学习自觉性欠缺,她可以和班主任打招呼,请老师在学校对他们的儿子多加督促。

孩子的爸爸说:"对他狠一点,他不听话,老师骂他、打他,都可以,我们保证不会怪老师。"

我老婆回答:"打是不可以的。再说打能解决问题的话,你们也不用找老师了。"

夫妻俩还是放不下调班级的事，他们说，调班级不可以，调座位可以吧？

"调座位可以操作。"我老婆承认，"但是你们的儿子个子那么高，你们总不见得要把他调到前排吧？"

他们正是要求把儿子的座位从后排调到前排，将他置于老师的眼皮底下，同时也将他调远"不安定因素"。

那天我在旁作陪，据我冷静的旁听和观察，我发现原来做父母的是如此冷酷。他们要对付的是儿子的什么问题？一是"贪玩"，二是"贪睡"，三是"早恋"。夫妻俩所谓的贪玩，是孩子每周打半天篮球，偶尔晚上九点以后看一眼电视，上一下网；所谓的贪睡，是每天晚上作业做到九点钟，十点钟睡觉，早上六点钟起床。对一个十三四岁的男孩来说，这能叫贪玩、贪睡吗？

所谓的早恋，是从孩子的日记里发现了一些心理迹象。这种偷看孩子日记的行为本身就应该受到谴责，而以偷看为依据对孩子采取行动，更是要不得啊！像这种两性相吸的懵懂的心理活动，许多孩子都有，是正常不过的心理现象，多数父母不知情，这事在成长过程中就过去了。

我本人早在小学四年级时就有"早恋苗子"，要是当年被父母知道并受到打击，我幼小的心灵能承受吗？

那对夫妻寻求老师帮助，希望达到的目的是完全取消孩子的玩耍，最大限度地减少孩子的睡眠，连根铲除孩子的感情萌芽。

做父母的都如此狠心，无怪乎学校里歪点子最多、手段最辣的老师通常最受家长欢迎，好脾气的老师被认为懦弱无能。

这个社会的多数人都会支持他们的做法，而与孩子的天性为敌。许多家长心里都最好能把孩子改装成一台学习"永动机"。

为什么要这么对付孩子？理由只有一个，就是他成绩不够好。这已成为社会的共识。我们差不多都忘了，成绩不够好并不是品德问题，更不是犯法的事儿。

本地有一句民谚：若要好，老做小。意思是长辈为自身和家庭的长远考虑，在晚辈面前不要只知道"做大"，更要懂得"做小"。这是"养儿防老"的传统思维最富远见和哲理的一种表达。

一个与孩子为敌、为难的社会是弱视的社会。而它对孩子竭力表白的"好心"终将为孩子理解和接受，这是中国人的幸运还是更深的悲哀？

19 后半生

我这前半生,对待工作还算努力,迄今已出版十本小说(四本长篇小说,六本中短篇小说集),凭此说自己没有虚度年华应该不会贻笑大方。到我百年时,大概至少还可以写五本书。

但问题是,我半生的努力,大都用在了现实之外,用在了虚构工作上,既不能"发家致富",更无关"兼济天下"的男儿宏愿。

杜甫有诗云:"安得广厦千万间,大庇天下寒士俱欢颜,风雨不动安如山。呜呼,何时眼前突兀见此屋,我庐独破受冻死亦足。"

其实,在杜甫的许多诗歌里,都流露了"壮志未酬"的失意和苦闷,写诗不过是"雕虫小技"。

我并不同意艺术创作是"雕虫小技",在我内心,早就把写小说奉为至高无上的工作和毕生的事业,我的"壮志"就是成为一个优秀的小说家。但这种与外界隔绝的专业状态令我的处境更加个人化和边缘化。古代的诗人多半考过功名,做过官,许多好诗都写在仕途失意时,所谓"愤怒出诗人"。我由衷地说一句,今天我写小说不是出于愤怒,这不是必要条件,写小说的必要条件是对它的与生俱来的喜爱和自信拥有写作的天赋(语言能力、想象力等)。对我来说,写作这项工作总是以过去时态的世界和人类活动为虚构资源，小说的过去时态和虚构性质，从根本上划分了它和当下生活的界限。

毛主席过去批评《刘志丹》："利用小说搞反党活动，是一大发明。"倘若真有这样的事，一定会以失败告终。毛主席其实心知肚明他批评的事"史无前例"，所以轻蔑地戏称它是"一大发明"。

我从小生活在这座城市，但住得越久，似乎和它越生分。它的"日新月异"和我无关。

我的熟人中不乏成功人士，回顾他们的半生努力，其成就真可谓"天地可表，日月可鉴"，比如矗立在阳光下的高楼，一片新区、一家企业，等等。

有人甚至伸手一划拉，说："从这儿往四周看，望得见的地都是我的。"

我笔下写过一个叫刘德清的人，他曾指着一栋六层红楼告诉朋友，这楼里住着他的几任老婆，他打算让里面住满他的女人。

三十年间，社会从形态到观念发生了巨变，恐怕是过去中国历史上少见的。三十年前，我二十岁，正赶上了一个大变革的时代，但我在其间充当了什么角色？我们这代人小时候写作文最喜欢表决心：长大后为祖国建设添砖加瓦。稀罕的是，我们这一代许多人小时候都做过文学梦，而事实上我们在上学时能够公开阅读的文学作品几乎只有浩然的长篇小说和毛泽东的诗词。最近，第五届鲁迅文学奖诗歌奖颁给了一位党的高级干部（武汉市纪委书记车延高），在网上引发热议。其实今天的年轻人不了解，他们的长辈中许多成功人士，年轻时都有过"写诗"的经历。当然,像车延高这样能够成为"桂冠诗人"的高级官员是个特例,多数人的文学梦想早在激荡的时代变迁中破灭或放弃。

如今人群中干这一行的已如此之少,我甚至不好意思用"凤毛麟角"自诩。

不仅我的同学中没有干这一行的,而且往前推六十年,在我的两所母校,普通小学和城一中,都没有出过干这一行的。在堪称"文学家摇篮"的上海师大中文系,三十年间出来的作家也屈指可数。在统计学上,概率太小的东西必被忽略不计,就是说可以认为,并非像我这样的个别人太牛逼,而是事出有因,许多有才华的人被迫或自愿离开这一行,而投身于"时代洪流"。

去年我的长篇小说《邓局长》(在《收获》发表时题为《谁在西亭说了算》)出版后,在一些媒体报道中,对我的写作状态用了"坚持"一语。

这个词语触动了我,我想到的是,和在这个时代"坚持"写小说相比,我小时候,在非文学的年代,许多人一心向往当一个作家,却似乎显得更有理由。

前几天我碰巧在网上看了一部表现一个作家精神和生活状态的电影,片名叫《夜晚出发》(*Starting out in the evening*)。片中的主角是一个年老体衰的美国作家,正在写他的第五部长篇小说。这部小说已写十年,据他自己说已写到结尾。这时一个年轻的女研究生找到了他,她正在研究他的小说,做毕业论文。虽然女研究生称他为"伟大的美国作家",但至少已有十年他的书没再印过,年轻一代知道他的极少。他把自己关在书斋里,过着深居简出的生活。在电脑早已普及的时代,他仍在老式打字机上打他的小说。当崇拜他的女研究生面对他礼节性地递来的外套却情不自禁地握住他的双手时，他的反应像触电似的扔了外套往后躲。他第一次对女研究生的抚摸，手掌的运行充满想象，却和手下的身体隔空十厘米。无论在小说里还是在回答女研究生的问题时，老作家都表现出了对于死去的妻子和曾经的婚姻的怀念和赞美（他说，我活在妻子的身体里，和活在自己的身体里一样多）。他的小说的基本主题是"自由"，拒绝的自由，拒绝诱惑的自由。

但细心的女研究生起初疏忽了老作家似乎不经意地说出来的一句话："如果我没有被乐观主义所蒙蔽，我也不会成为作家。"

后来女研究生才发现，自己被老作家的自述和他的作品"蒙蔽"了，事实上作家的妻子在去世前一年跟人跑了。

那么，究竟什么是老作家继续写作的动力？是对爱情的怀念还是对背叛的不忍？

女研究生向老作家提出了这个问题：为什么要继续写作？为什么能在一部书上花费十年时间，而明知它有可能根本出版不了？

擅长语言表达的老作家却耸耸肩，表示自己对此无法用语言来表达："要么说多了，要么说少了。"

女研究生坚持道：这个问题是她的论文必须面对的。

老作家苦笑着回答："那你就写，是对艺术疯狂的追求。"

后来老作家发生了中风，但刚出医院他又坐到了打字机前。

他女儿听到"啪嗒啪嗒"的打字声音，过去担心地问他："你确定要这么快就开始工作吗？"

他回答："我没时间了，我必须完成它。"

但几天后他对女儿的男朋友表示,这部耗时十年的小说必须推倒重写。

当片尾出现和片头一样的镜头,老作家又神色凝重地坐在打字机前时,他面对的应该不是小说的结尾,而是重写稿的第一页。

看着这部电影,我很明白一个作家的幸福和痛苦,我也接受影片中的作家对于为什么继续写作的无奈回答:"对艺术疯狂的追求。"故事讲到这个份上,从老作家嘴里蹦出这句不无夸张、自嘲、搪塞的回答,令人感到震撼。

对一个天生的作家来说,不存在"为什么继续写作"的问题,但在他人眼里这事似乎比别的工作更需要理由。你没完没了写一本书,写了十年又要重写,看来到死都写不完,更别提有没有人愿意出版,你为此深居简出,每顿只吃两片抹了果酱或蜂蜜的面包,喝一杯咖啡,你还说不清楚这么做是为了什么,你不觉得自己匪夷所思吗?

即使是那位女研究生,对自己崇拜的"伟大作家"给出的答案,也只是报以不以为然的微笑。

到我老时,也是这种状态吗?年老体衰,身体的活动逐渐减少,网球打不了了,乒乓球打不了了,游泳不行了,旅行走不动了,除了写作还有什么更有意义的事?

一个拳击手会说,只要还有一口气,我就要站在拳击台上。这表明他的勇气和斗志,但这不是真的,拳击手通常在四十岁前都退役了。

一个作家会说,只要一息尚存,我就要写下去。这可是真的，但为什么要这样？谁在倾听你、期待你？冥冥中使命在身吗？

不难想见一种情形，到我七八十岁时，书店里早就没有我的书了，年轻人根本不知道我，可我还忘不了构思小说。由于体力不支，脑功能衰退，多半时间我只是枯坐在电脑前，也许一天只能写几十个字、几个字，第二天又发现不堪卒读。

其实多数作家只要两年没有新书出来，在书店里就找不到他的书了。在我心目中，自己是个好作家，但一个好作家，为什么在书店里经常找不到你的书？我儿子刚到新加坡那会儿，有一次他去逛中文书店，特意在文学类书架上找我的书，没有找到，当晚他很失望地在 QQ 上对我说，在这么大的书店里都找不到一本你的书，而某某的书摆满了一层书架！儿子的话给了我当头一棒，仿佛他戳穿了我的谎言。儿子知道我会作出什么反应，他预先警告我：不要狡辩。

两年后，我去新加坡看儿子，有一天儿子带我去参观新加坡国家图书馆，在六楼或九楼一个私人捐赠的中文阅览室，儿子笑嘻嘻地对我说，要不要我找看有没有你的书？我说好啊，找找看。此时这个话题在我们父子间已不敏感，没有就是没有，不需要回避、辩解或自嘲。我们在阅览室的电脑上搜索了一下，没有我的书。

一个作家很容易面对这样的人生结局：你似乎很特别，不一般，"卓尔不群"，但是，你和变化的世界毫无关系，没有人知道你。

这时你仍在写作。你即使刚从重病中被抢救过来，你仍念念不忘写作，没人能阻止你。此刻你夸张的身心状态凸现了艺术活动的真实意义。你嘀咕道："我没时间了，必须完成它！"完成什么？为什么？你无法表达。

你表达了真实的孤独和沉默。

我从小算得上比较健谈，熟人圈子里也似乎数我最能说。在一些饭局上常常我的声音最响，"气场最强"。但对自己创作上的事，我却特别不能说，每当被问及这方面，我都会不由自主地表现出莫名的尴尬，不知所措并立刻产生抵触情绪。我曾多次婉拒记者的访谈，还为此得罪了好朋友。一次，一位做记者的朋友好意来找我，还带了报社的一名实习记者作记录，希望和我谈谈我的一本新书。我请他们吃饭。我心里明白，于情于理我都该接受他的访谈，但我实在太不喜欢做这件事，连笔谈都不愿意，我只好谢绝了他。朋友自然很不高兴，沉下脸说我不给面子。我给他的解释是，我只管写小说，不管谈小说，书写完后我就不想它了。的确，我不喜欢读自己出版后的作品。

在这个问题上我真正的障碍是，我对写小说有多么讲究和推敲，对谈小说也会有多么讲究和推敲，但我有必要做这件事吗？我现在还活着，你可以找我做访谈，要是我死了呢？某记者和作家的访谈会给作品增加什么吗？何况，一般的记者和研究者通常会提一些似是而非的问题，让作家摸不着头脑。如果难得遇到一个深读过作家的作品且目光锐利的访谈者，可以肯定谈话必然会拐出去，从文学拐回到现实，而这正是作家不愿面对的，和作家已做的艰巨而卓有成效的工作背道而驰。的确它也与小说的品质、与小说本身的独立性和完整性无关。

在《夜晚出发》里，老作家最初以毋庸置疑的语气拒绝了女研究生的访谈请求，理由是正在写小说，时间不够，不能被打扰。实际上我们知道他是不喜欢做这件事。后来他读了女研究生的一篇论文，发现了她的才气，也出于"怜香惜玉"的不忍，才改变了主意。但老作家对女研究生的敏感、好奇、犀利和聪慧仍然缺乏足够的认识，他没想到自己一步步掉进了访谈的陷阱，越陷越深，最终女研究生将他的小说成功地还原到现实，他成就了她的课题。

上个月下旬我去了趟新加坡，和儿子一块待了八天。在那儿时和回国后，都有人问我对新加坡的印象。我毫不讳言自己的好感。我说新加坡的好，肯定不是指某一种好，更不会是指对某个个人、对少数人的好——那个好我也体会不到。作为一个普通游客，我的有限感受集中在社会的日常生活方面，但是在我看来这方面的状况最能体现社会的基本文明面貌。我知道有不少来自中国的游客并不喜欢新加坡，他们或者偏重于皮肤的感受，抱怨新加坡没有四季，气候太热（其实新加坡的阳光并不毒，当地人肤色也不黑）；或者侧重于精神层面，批评新加坡缺乏文化底蕴；或者抱着大国心态，看不起人家小国寡民。我自己从小深受"地大物博"的爱国主义教育，也有大国心理，但想一想这真是最没道理的。祖国幅员辽阔用不到你自我膨胀。其实，在新加坡花团锦簇、林木参天的城市里，你只会有比在世界上许多大城市里更宽敞、明亮、高远的感觉。

由于历史的原因，新加坡的确缺乏深厚的文化底蕴，不过它能让你肃然起敬地看到另一面,即文化和历史在那儿得到异乎寻常的珍惜。我印象最深的是在昔日华人移民集聚的牛车水街,那儿有一个博物馆,叫"牛车水原貌馆",里面不仅以图片和实物展示了早期移民的生活和工作状况,而且保存了一些当年牛车水的街道、店铺、民房等的原貌。房屋里摆设的所有生活用具,如床铺、被褥、衣服、马桶、脸盆、橱柜、桌椅、餐具,甚至小到梳子、发夹、镜子等等,这些在今天看来早该进废品收购站的破烂,却被当作宝贝从民间收集保存了起来。

"原貌馆"里有这样一句解说词:"这里保存着许多从前的回忆和未说的故事。"

置身在今天繁华富庶、游人如织的牛车水新街,这个"原貌馆"让我看得心潮起伏,感慨万千。

在新加坡,质量好一些的上个世纪二三十年代留下来的东西,更是要被珍如文物的。有的店铺里有卖那个时代的老家具,价格非常昂贵,比如我看到一口早期移民从中国带过去的旧皮箱,民国时期的,开价两千元新币,合一万元人民币,远远高于上海老家具市场同样一口旧皮箱的价格。在新加坡并非样样东西都贵,比如吃的方面,一份家常的"杂菜饭",三元新币,合十五元人民币,在上海"一日五餐"里就不止这个价。在高档商品方面,比如名表,新加坡更卖得比上海便宜。房子就不说了。

对那个"原貌馆",有些来自中国的游客会说,这种东西我们多了,随便搞一个都比这强。

对那口旧皮箱,我们的人会说,太贵了,不值。

新加坡日常生活中的讲究也是如此,说出来很小,令人不屑，但我们做不到。比如牛车水有大排档，地上却没有积水和厨房垃圾。新加坡的地铁也拥挤，但经常有空位，起初我条件反射去抢，后来我发现原来人家不抢。

每天都会碰到一些这样的小事，令人内心惶然、肃然。自古中国的大人物爱用刘备对儿子说的一句话教导百姓："勿以恶小而为之，勿以善小而不为。"实际做起来，难易两重天。

在新加坡最难忘的，肯定还是和儿子之间的相处。这在国内本是平常事，但在异国他乡有不同的感觉。那些日子每天走在儿子身边，或和他说话时，常会忽然有一种刮目相看的感觉，仿佛他变了个人。

前文曾提到，儿子在国内时，从上小学起就经常和老师发生对抗，最严重的一次在老师办公室"舌战群儒"。照理学生一般都怕老师，何况中国人从来讲"师道尊严"，敬畏、顺从老师，听老师的话，是做学生的基本规矩，应该很容易做到。我们也常问儿子，作为一个学生，听老师的话，难道不是比冒犯老师更容易做到吗？

我想说的是，问题根本不是在我们这个文明古国缺失这方面的教育，而是我们教育的效果从来没有这么差，父母和孩子、老师和学生的关系从来没有像今天这么紧张，长辈的话从来没有像今天这般被当作耳边风，而且引起严重的反感。师生之间的对抗在今天早已不是新闻。

我们夫妻俩曾长期为儿子提心吊胆，怕他出事，我老婆还因此做过不少噩梦。

不必说，儿子在学校不愉快的心情会经常在眼睛里显露出来。曾经有一个老师就指着他的眼睛责问道:"这位同学为什么对我白眼睛?"

另一位老师则假惺惺地在旁边解释道:"他不是对你白眼睛,他的眼睛长得这样。"

周围其他人就都掉过脸去端详我儿子的眼睛。

儿子到新加坡后,最显著的变化就是和老师的关系不一样了,新的师生关系仿佛奇迹般地形成于一夜间。这几年,儿子不仅从未和老师之间发生过冲突,而且有了自己喜欢的老师,他本人甚至成为年级里最受系主任和专业老师赏识的学生。

我这次在新加坡见到了儿子的老师 Chris,一个四十多岁的英国人。Chris 先生告诉我,我儿子是个很特别、有想法的学生。他用"学生中少见"来评价儿子的专业表现,用"深思熟虑""谨言慎行"评价他的为人处世(这令我有点意外),用"对愚蠢和庸俗零忍耐"评价他的个性。很明显,这个英国人是真心喜欢他的这个学生。

这次去新加坡看儿子,在我们父子间的相处中,第一次我什么都不用操心,每天做什么,去哪儿玩,走什么路线,一日三餐吃什么,悉听儿子安排。这应该是一份迟到的幸福体验,却在异国他乡获得。在我记下这件事时,我也深有感触,孩子身上的任何一点好,在父母眼里都是了不起的,在父母嘴里都很容易被夸大其词。

我儿子的一点点好是什么呢?

至少,在国内我看他还是一个长不大的孩子,但是在国外我发现他是一个成熟的男人,有志向,有风度,负责任;至少,在国内随着他的长大他越来越不被看好,国内的价值观和对孩子的评判标准对他非常不利,但是在国外近四年来他似乎摇身一变,俨然是人人眼里的"好学生",不仅受到老师的青睐,同学的"仰视",每年还都获得国际生中比例极小的奖学金,近日他还收到了大名鼎鼎的英国皇家艺术学院的硕士生面试通知。

至少,在国内他的学生生涯充满失败和挫折,我们从学校得到的几乎都是坏消息,从他脸上看到的都是不满意、不开心,但是在国外他不断让我们听到他的好消息,他的神情言语中透露出前所未有的成就感。

至少,在国内我们很少看到他表现出对长辈的关怀和体恤,更多是依赖和叛逆,但是在国外我们发现他是个颇有孝心的孩子,不仅心里常常记挂着奶奶、外婆和外公,每次回国还都会主动去墓地祭拜爷爷。

一次,儿子在网上和我发生争执,我一怒之下下了线,过了片刻,我收到了他的一条手机短信:对不起。这是我们父子发生冲突后,他第一次主动对我说"对不起"。我顿生惊喜,火气全没了。

去年我们夫妇俩在机场送别他时,出关前他忽然主动拥抱了一下他的母亲。

当我在新加坡,吃住行等多方面受到儿子的安排和照顾时,心里暖洋洋的,加之我知道新加坡的气候非常适合我老婆(她之前已来过),于是我不由得贪婪地想,要是儿子将来在新加坡工作,我们夫妻俩到这儿来度晚年,岂不美哉?儿子很快就要毕业,对于将来的打算,是他,也是我们面临的一个问题。不必讲，在感情上我们不希望他长期远离我们，但是理智告诉我们，毕业后即回国工作对于他不是最好的选择。他本身有强烈的独立意识，主张很大，当年出国留学就是他自己的选择，且后来对这件事从未有过后悔和抱怨。这次我在新加坡更看到了他的独立能力和适应环境的能力，相信离开父母对他有益无害。其次，不难设想他回国后的状况：做纯艺术工作，机会不大；走商业化路线，需要人脉关系。我耳边刚听说有一个在国外学艺术设计的孩子，还没毕业，就接到了国内一份价值五百万元的合同。我们可有这样的"人脉"？

　　回国的另一个选择就是考公务员。儿子在国内的同学现在也面临大学毕业，他们中不少人正在做着这样的选择：要么出国深造，要么留在国内考公务员。按国内的现状和价值观，公务员是社会认可度最高的职业。但是众所周知公务员考试粥少僧多，而且存在潜规则，即使笔试分数上线，还有深不可测的面试等着你。近日有媒体披露，湖南省冷水江市一位局长的儿子，大学尚未毕业，也没有参加任何招聘考试，就进了"参照公务员法管理单位"。对于如此出格的事，百分之五十以上受调查网民表示"正常"。

　　我们有理由担心，儿子回到我们身边后，又将掉进中国式年轻人的生存状态怪圈：依赖并叛逆着。为了避免发生这种情况，为了儿子的独立和梦想，为了继续感受到儿子的遥远的孝心，为了保持父子间难得的互尊互赏，我们宁可不要他回到身边。

　　本来我们就是这么想的，当然也没有想过将来要去投靠儿子。但是现在情况发生了一点变化。我在儿子那儿尝到了甜头后,不由得对他说:"将来你就在新加坡工作,我和你妈也搬来住。"

儿子深思熟虑地回答:"我不反对你们搬来住,我想你们俩要是愿意来这儿工作,这个国家一定会欢迎你们。但是我目前还没有留在这儿的想法,我还有好多地方想去,比如说,那些在我所学的专业上表现很牛逼的地方。"

"你不在这儿,我们来这儿做什么?"

那一刻,我心里不由得"悲喜交织"。

我喜的是忽然一眼看清了儿子的生命轨迹。儿子从小就表现出突出的个人爱好和特长,小时候他就对物体的形状、色彩、声音等特别敏感,在这方面有超强的记忆力(如他小时候跟我在街上走,碰到一个熟人,我和对方匆匆握了一下手,事后很久他都会记得那个人五官和服饰的一些细节),对这方面的好恶特别明确(我的熟人走过后,他会将人家评头论足一番)。他的"审美"很早(似乎天生)就表现出突出的个人倾向。上学后(事实上从上托儿所起),他的不可理喻的"作天作地",一次次冒犯了老师,伤害了自己,烦恼了父母,但表明他对自身那部分"天分"受到压制从未有过麻木。最终他还是自作主张跑出来了,但已落下十多年应试教育的"先天不足":对于他现在所学的二维动画来说,他尚欠一份素描童子功。对此我也反省自己:直到儿子上高中时,作成那样,我还希望他在应试教育中一鸣惊人,出人头地。

我现在喜的是,儿子自从选择走出去后,就没想过停下脚步,内心对走得更远充满期待。为什么他对异国他乡没有文化、地理、距离上的陌生和胆怯？我现在明白，从小我们总是责备他对学习注意力不集中，事实上他的注意力从来没有离开过内心钟爱的事物。目光专注地寻觅自己所要，是不知道害怕的。就算是鬼魅出没的陵园，常人夜里绝不敢去，但对盗墓人具有无与伦比的吸引力。

我悲的是，从此和儿子必将聚少离多。

2011 年 1 月 27 日初稿
2011 年 3 月 18 日第一版定稿
2019 年 3 月 7 日第二版修订

我写完并改定这本书后，迟迟未将它交给杂志社和出版社。我似乎在等待着什么。2011 年 4 月 20 日，我的等待有了结果，这天晚上我们接到儿子的电话，他用平常在电话里难得有的响亮的声音告诉我们，他被英国皇家艺术学院录取了！

一切顺利的话，儿子将于今年九月飞赴伦敦，向坐落于海德公园旁的那所著名学府报到，然后开始为期两年的动画专业硕士学业。

今天是我的五十二岁生日，我选择在这个日子于此书末页郑重记下这件事，欣慰的心情跃然纸上。

2011 年 4 月 24 日补记

后记

本书是我的半生自述，书中分布于19个小标题下的内容，堪称我的半生"大事记"。这些在我生命中留下深刻印记的"大事"，大概也都打上了"时代的烙印"。不过在实际写作中，后者并不在我的讲究中。不论在书里还是在谈到这本书的写作时，我都提到了"时代"，但，正如我个人身上打上了时代的烙印，我所表述的"时代"，毋庸置疑也已刻上鲜明的个人印记。喜欢此书的读者可以在阅读中分享到我的经历，甚或对书中一个被详细描述的生命历程产生共鸣，不过，即使是同时代的人，对"时代"的印象也不尽相同，甚至互相对立。作为历史的事件，还没有人能够将它"像发生过的那样"复原。并不是没有"真相"存在，只是人类对"真相"的感受千差万别。更不必说还有人故意歪曲事实。

在这本自述里，我力求排除杂念，以纯净之心追溯个体生命历程中的真实轨迹。不必讳言，我的视点或"小而独"，行文或"笔走偏锋"。而所谓"大事记"，大的不是事，而是其中包裹的心。有些无人记得的小事，我大书特书，书写的是心；有的事巨大无比，我视而不见，因为心在别处。

抱着这个态度，我不妨频繁使用"时代"这个词，甚至不妨给本书取名"中国父子"，并不觉得夸大其词。

取这个书名，因为在这本自述里，有一条连贯不断的主线和一个中心：主线是一个家庭、三代父子；中心是我本人前半生为人子为人父的历程和状态。

比较而言，我爷爷和父亲的关系在好长一段时间里对我是个谜。我只看得懂一点：作为家里三兄妹中的长子和唯一的儿子，父亲独自承担了赡养老人的责任，解放后几十年里，每月都由我母亲按时寄钱回老家。我想不起除此之外他们之间还有别的父子内容。爷爷奶奶在威海时，父亲很少给他们写信，每年春节前一封家信，大都还是母亲执笔。二老住到我们家后，他们的房间和父母的房间门对门，但父亲很少进老人的房间，他们父子间从无没事闲聊的时候，也从来没有红过脸。我不怀疑父亲是个传统的孝子，但他的表达少到我甚至没怎么听他叫过"爸"。父亲和爷爷大半辈子似乎都在回避他们之间的"现实关系"。父亲去世后，我们瞒了奶奶十年，而直到奶奶在洛阳离开我们，这十年间她对从未得到父亲一次问候似乎并不觉得匪夷所思。自从儿子"背叛家庭"参加革命工作后，几十年里他们和儿子关系中的现实状态，就是那种在漫漫时空中日渐凝固起来的距离和沉默。父亲自1946年离开威海到上海，至1980年母亲将爷爷奶奶接到我们家来住，三十四年间父亲只在1961年回过一次老家，那还是我大姑写信谎称老人病重将他诓回去的。近日我向住在医院里的母亲求证了这个细节，但母亲一再对我强调，你不要瞎写，不是你爸爸不想回去看老人，也不单单是因为他有"家庭成分"的顾忌，那个年代为个人私事请假是极不光彩的，要"吃批评"。

我和父亲之间不存在这种荒诞的、"超现实"的距离和沉默。

我小时候和父亲的关系就比较随便，随着年龄和阅历的增长，我和父亲说话益无忌惮。但是，随便不等于亲密。我在此书中细述了一个对我刻骨铭心的细节：父亲在去世前的那场大病中，曾有一次要求我用手指掐一下他的脚，看看是否有水肿。对这个简单的要求，我当时竟感到困窘和烦躁，没有照办。事后我理解，在我们父子间，这个要求并不简单，它其实触动了长期以来在我们父子关系中存在的一个问题，即亲密性的缺失。父亲以前从未对我提出过类似的请求，平常父亲和我更像朋友关系，极少有感情的交流（即使我们父子情深）。在整个上世纪80年代，我们父子每周见面聊的基本都是和家庭事务、父子亲情无关的"时代话题"，我们经常为千里之外北京的事和万里之外华盛顿的事争得面红耳赤。除非父亲勃然大怒，否则我不能住口。这是我和父亲关系中的荒谬之处。父亲因病去世后，我对朋友重复着一句自怜自哀的话：我现在是一个没有父亲的人了。我心底涌动的更多感触说不出来。我曾以为看不懂父亲和爷爷奶奶的关系，其实父亲明明白白地赡养了老人几十年。我现在才知道自己什么都还没做，明白自己愧对父亲，枉为人子。

儿子从小和我之间不缺父子感情的交流。儿子上初中时，我和他出门上街，他还会习惯性地抓住我的手；每晚他临睡时，我都会过去在他额头上亲吻一下，和他道晚安。如果将来我在病床上要求儿子掐一下我的脚察看水肿情况，他的反应一定是积极的。但是，在儿子长大的过程中，我们父子间不仅有亲密接触，也有严重对抗，其中的情形同样荒诞之至。

我不难找到三个"关键词"来概括对三个不同时代父子关系

产生深刻影响的具有社会普遍性的东西,即"信仰""观念""利益"。在"文革"时期,和守望信仰相伴的是恐惧;在"思想解放"时代,价值观念的冲突生成一种无法无天的精神,在家庭中是直指"父权"的"忤逆不孝";在"经济建设"时代,与利益计较、实用主义形影相随的是势利、庸俗和猥琐,无休无止的焦虑、提心吊胆,无可救药的神经衰弱。

这些是题中应有之意。

是为跋。

2011 年 5 月 5 日

为新版《中国父子》写的几句话

现在是 2019 年 1 月，我步入了耳顺之年。《中国父子》第一版出版至今也已有六年多。那版书慢慢地卖，去年已卖完。今年，《中国父子》被编入新时期嘉定作家群文学丛书，计划由文汇出版社出版新版本。我在对当年的定稿又作了几番字斟句酌的校读后，本不打算再多说什么，但又忽然想到，这几年间发生了一件对中国家庭影响深远的事，就忍不住还要在这儿赘言几句。

我想要说的这件事，是指 2015 年 10 月，国家全面放开二孩政策。本来一家二孩，属于正常，怎么会对中国家庭普遍造成影响？原因其实众所周知，就是之前我国已施行了长达三十多年的独生子女政策。于是，到了今天，在我国，一个家庭是一孩还是二孩，两者之间远比添一张嘴复杂的差异，在我们这辈人心中早已有共识。所以对放开二孩这件事，我最初是有点反应不过来。这种状态和我能否理解这一国策的意义无关，在我的默然中，其实是有一种关乎个人的、下意识的不安和回避的态度。

然后，我就开始想，我们这一辈人，出生于上世纪 60 年代前后的，我们的人生内容真是何其奇葩。作为一代独生子女的家长，我们已堪称"史无前例"，而当我们普遍地用一种有史以来罕见的方式将孩子养育成人，并且准备再接再厉将得之不易的"偏门秘笈"用于孙辈身上时，今天我们忽然又面临了"新问题"。其实，在我们小时候，几乎家家户户都有两个以上的孩子，这种"配置"正常到无关乎家境的好坏，但如今放宽生育限制后，许多年轻夫妻并没有生二孩的打算，这似乎也无关乎家境的好坏。事实上，我们的孩子，如果听凭他们自己做主并由他们承担相应的责任的话，他们当中甚至还有相当一部分人宁可当丁克。在这件事上，我相信仅凭我们平时在生活中得到的有限信息，即可以得出一个不会太离谱的结论，即在放开二孩后，近几年我们周围生二孩的家庭，实际上都是得到了家中长者的推动和承诺。独生子女夫妇自己不带孩子早已是这个社会的常态，不少独生子女为人父母后，自己的日常生活还继续依赖着长辈。在独生子女时代的家庭定式中，我们这一辈人通常在七十岁之前退而不休，这也已成为常态，而进入二孩时代，这一年限必然还将延长。

最近，和一个朋友聊天，说起他儿子即将和处了多年的女朋友登记结婚。我问他，你会要求他们结婚后生二孩吗？朋友回答，不会，这事由他们自己决定。我问，那你的希望呢？朋友回答，我随便。他想了一下，又说，其实，无论他们决定要一孩，还是要二孩，我感觉好像都不是我的意思。我问，那你的"随便"，是要他们做丁克吗？朋友回答，当然更不是。

2019 年 1 月 16 日

我的安师，我的同事

1980年代中期，一个叫陆一龙的音乐老师从外地调到安亭师范。此人颇有来历，他的祖父是驰名海内外的上海"针灸大王"陆瘦燕，曾任上海针灸研究所所长、中医学院针灸系主任，1969年"在隔离审查中坠楼身亡"。陆一龙本人初中毕业即赴江西插队落户，后又在江西上大学、工作，和老婆孩子长期分居两地。终于按政策调回上海，工作还进不了市区。小时候陆家是住花园洋房的，陆一龙调来安师时，在市区没有住房，一家三口借住在他老婆的娘家。我听他描述过当时的居住状况，别的不说，在他们夫妻俩睡觉的小床上方，有一个小阁楼，上面也住人。这样的出身和坎坷的经历，令陆一龙的性格中偏激、傲慢、敏感的一面格外突出。

有一回，陆一龙在校长办公室和一个校领导发生了激烈的争执，他威胁校领导说，你要是不讲道理，我把你这张办公桌掼到楼下去！校领导坦然地回答，这是公物，损坏公物要赔。陆一龙说，我又没说不赔，我现在先砸一只热水瓶给你看！

这个人给我印象最深的是：一方面，他是我在安师见到的最有经济头脑的老师，他很早就懂得做兼职赚外快，他有我们当时闻所未闻的钢琴"调律师"的执业证，据他说这是一门报酬很高的"高雅手艺"；而另一方面，他身上又有在许多人眼里不可理喻的原则和傲气。

安师当时有钢琴六七十架，学校每年用于钢琴维修保养的开销很大，效果又不佳。校方了解到陆一龙的特长后，就想请他承包这项工作，开给他的价格在我们听来已是天文数字，但由于和这一行的行情底线尚有较大差距，结果被陆一龙断然拒绝，完全没有商量余地。其实，考虑到陆一龙是本校教师，校方给他的价格也算公道，何况六七十架钢琴的常年维护，这样大的项目他在外面不可能拿到。但陆一龙不管这些，他用不同凡响、牛气冲天的口气对我们说："你们知道我掀一掀琴盖是什么价？"

其实，刚从江西回来的陆一龙很穷，非常需要钱。

陆一龙在江西待了二十多年，吃了很多苦，他身上有超强的生存能力，他声称把他扔在哪儿他都能活得比别人长。从他外貌看，他太不像弹钢琴的，像是个干粗活儿的，且染了一身匪气。但另一方面，他在日常生活中又保持着种种多数人没有的讲究。在许多人还在穿又厚又硬的卡其布内裤时，他第一个告诉我内裤应该选择柔软的全棉布料，并在他的寝室里当场解开外裤让我眼见为实。他是我所见到的第一个洗澡时用两块不同香皂（那时还没有洗发液和沐浴露）的人，而且每次洗头发都要抹两遍香皂。更不必说，老上海的东西他懂得最多。

陆一龙在安师的几年，我和他相处甚欢，彼此无话不谈。在陆一龙身上，甚至有些豪爽侠义之气，我很赞赏。不过，在两个内心敏感的人之间，真实的关系一定不会像表面显示的那么单纯。一天早晨，我起床后打开房门，迎着朝阳伸个懒腰，正巧陆一龙端着脸盆、蓬头垢面地从隔壁他的房间里出来，他看见我，匆匆抬头瞥了我一眼。那一瞬间,我的心意外地像被撞击了一下,产生了一个匪夷所思的念头,我不假思索地喊住了他。

"喂,陆一龙,等一下,"我朝他说,"我问你一个问题,你刚才起床前是不是做了一个和我有关的梦?"

陆一龙怔怔地看着我,随即脸上露出了笑容,答道:"是的,你……"

他肯定是想说:"你……怎么知道?"但是话到嘴边,他似乎完全从梦中惊醒过来,下半句话便咽下去了。

他刚刚离开的梦境,我怎么可能知道呢?我的话显然有点吓着了他。

事后回想那一幕,我发现是有依据的,关键一点是陆一龙当时的神情:他就像一个梦游者,瞥我的眼神仿佛另有所见,眼神中表达的不是平常的友善,而是令我感到非常陌生和冷漠的东西。这种眼神触动了我在潜意识里对他的看法:不论这个人平时多么豪爽、侠义,他一定在内心掩饰着和他人关系的紧张。我有这种感觉:见谁都大大咧咧地称兄道弟的热忱的陆一龙,对人怀有潜在的不安和焦虑。

小田,华东师大七九级,1983年来安亭师范。有两年,我和他同在八七届的两个班任教,他还担任其中一个班的班主任。这期间我们之间的接触多起来了,关系比较密切。在他后来去澳洲前,我和他还做了一段日子室友。

小田来安师时已有女朋友,是他的大学同学。和那个年代许多恋人一样,他们的恋爱是马拉松式的,谈了好多年。婚后他们生了个女儿。大概在1990年，小田辞职去了澳大利亚。

有一天晚上，算来是在1986年春夏之交，小田脸色凝重地来到我的房间，说有事要对我讲。他对我讲的事竟很严重，他和女朋友的关系遇到了危机。特别令我吃惊的是，那天晚上他对我提到了我们班里的一个女生，小陈。那是一个引人瞩目的漂亮女生，个子很高，坐在教室末排。小田在我面前俯着脸，目光盯着地上，脸上的表情似笑非笑，用一种听起来充满自责和沮丧的语气表达爱情的来临：“我现在感觉自己已经难以自拔了……"

事情起于前几天晚上在学校大会堂放映的一场电影。那个电影我没去看。据小田说，电影拍得不算完美，但里面有一个悲情故事，对他触动很大。电影散场后，小田回到办公室，刚坐了一会儿，小陈来了，她是小田的课代表，来交全班的作业本。小陈也刚看了电影，很想和人交流观感的小田便请她坐下聊聊。结果，小田发现，小陈非常"听得懂"他的话，他一谈到电影里的悲情戏，小陈脸上就露出哀哀的神情，他发表自己心里的感触时，小陈更是为之动容。在这种氛围下，小田情不自禁地谈到了自己的感情生活，谈了他的女朋友。小田特别谈到对自己和女朋友的恋爱关系的一种感受：彼此明确关系已有六年，好比一次长跑，用的时间已足够跑完几个马拉松了，但是实际跑出去的距离很短，甚至有所倒退。

"现在我都不知道怎么跑下去，方向在哪里？"小田面带苦笑地自责道，"我想自己是个特别无能的人吧。"

小田告诉我，他说出这话时，忽然注意到小陈的眼睛里含了泪花。他说："看到她的眼泪，我有点不相信自己的眼睛，激动得说不出话来。我只好装作没看到,不知道自己应该怎么办,应该对她说什么……自己真是个没用的人啊!"

前一天晚自修时,小田忍不住把小陈约到办公室,又和她长谈了一次。当然这次是有准备的,小田谈得更深入。他对小陈说,那天和她谈话后,他这两天想了很多,想得很痛苦,他已认识到自己从小到大,做人太优柔寡断,自己身上的许多问题,都是优柔寡断造成的。他这两天一直在告诫自己,不能再这样下去了,必须要有改变,"不然自己这辈子就完了,也耽误了人家"。

小田讲到悲情处,小陈再一次眼含泪花。不过,小陈只是表示,老师的女朋友来学校时,她见过,长得很漂亮,气质优雅。

"你确信自己对她的感情吗?"我问小田。

"是的。"

他的表情却显得痛苦、无奈。

我说:"你有没有想过,你和你女朋友谈了六年恋爱,而你和小陈只交谈了两次,你能确定,仅仅两次交谈,就使六年相处建立起来的恋爱关系崩溃,这个结果是合理的?何况,我至今还从没听你讲过你女朋友有什么不好。"

"是的……这件事听起来是有点不可理喻。别的不说,有一点我很清楚,如果将来我和小陈在一起,这辈子我就回不了市区了。但问题就在这里,我搞不懂。其实,一次交谈对我就足够了,上一次和小陈谈话后,我已感到自己难以自拔。"

小田所说,"如果将来和小陈在一起,这辈子我就回不了市区了",是指,当时家在市区、被"统一分配"到郊区工作的大学毕业生,普遍都抱着等待时机调回市区的愿望,但按当年的

"土政策",如果你在郊区结婚了,你属于"扎根派","上调"就没你的份了。

我看着他,想了想对他说:"我理解现在你面临一个问题:你决定和谈了六年的女朋友分手,但是你先找小陈告诉她这件事,显然你是希望从小陈那儿得到一个承诺——但现在这个承诺并不明确?"

"是的。"

很快我就明白,小田那晚来找我,是有求于我的。小田向我承认,他的确很希望得到小陈的一个承诺,如果小陈明确承诺他了,那么和谈了六年的女朋友分手也好,将来一辈子待在郊区也好,他都准备去面对。问题是事情发生得太快,尤其在这个当口,有些话他对小陈问不出口。

小田已打算在暑假和女朋友摊牌,现在离暑假很近了,事不宜迟,该怎么办?小田说,他想请我出马,由我出面和小陈谈一次话,了解女孩子的心思和态度。他告诉我,小陈知道他很信任我,小陈本人也"崇拜"我,所以他已告诉小陈和我谈过他们俩的事,并向小陈建议也和我谈谈。他对小陈说了,张老师是个非常有智慧的人,看问题"精辟深刻",人生的许多事,往往当局者迷,和张老师这样富有智慧的旁观者谈谈会明白许多。

他告诉我,小陈(想必比他更满腹心事)已接受他的建议。

毋庸讳言,我不会拒绝这样的谈话,应该说这里体现的他人对我的"信任",给我的感觉甚好。在安师期间,我不止一次受到过这样的委托,无一例外的是,委托我的都是男方,而女方都表示可以接受我和她们谈谈。也不必否认,从结果来讲,我的几次这类谈话都不成功，但内容大都比较精彩，比如音乐老师小赵曾用不同的动物来形容她心目中与她关系密切的几个男青年的形象，想象丰富，别出心裁，她的声音宛如在空中飞舞，给我印象深刻。

和小陈的谈话不精彩，也没有结果，原因不在她，在我，是我答应小田太快。小田在得到我的同意后，就急不可耐地起身去联络小陈。当晚稍后，小陈来到我面前，我刚说了个开场白就卡住了，原因就是我发现，我其实没法完成小田交给我的任务。我不能代小田去问小陈："田老师要和女朋友分手了，他很想知道你的态度，你能给他一个承诺吗？"这话小田问不出口，因为他自觉卑鄙，而由我去问她，则更成了两个老师对她的卑鄙合谋。但这还不是最令我难堪的，那一刻我想到了小田的女朋友，我虽没和她见过面，但我明白，由于我和小田的关系，她理应也是我的朋友，她心里对我一定也是这样想的，可我现在在对她做什么呢？

结果我和小陈不知所云地谈了一番话，事后怎么向小田汇报的，时隔二十多年，也早已毫无印象。不过按当时的情况我一定会对他说：你交给我的任务我完成不了，因为，当我面对小陈时，我明白我们都忘了一个基本道理：你要赢得一个女孩的芳心，唯有自己去争取。如果我真的代你向她问出那样的话，我相信此刻一切都结束了。

在放暑假前夕的最后一次谈话中，小田向我表示，他已下了决心，他一再说："自己不能再优柔寡断下去了。"

过完漫长的暑假，在新学期开学的头天晚上，我在宿舍里等来了小田,但是我听到的,却是一个出乎意料的故事,而且小田讲得吞吞吐吐、躲躲闪闪,有口难言。我耐心地听着,还提出了一些疑问,最后将小田和他女朋友小吴在暑假里发生的事弄明白了。

据小田说,他女朋友小吴在他提出分手后,并没有和他吵闹,而是去他家里见他的母亲,在他母亲面前也没有指责他,相反只说自己不好,边哭边检讨自己,将两人之间的问题都归咎于自己。而小田对父母又解释不清分手的理由,父母自然都不支持他,完全站在小吴一边。在父母看来,就凭儿子在郊区工作,小吴没嫌弃他,这个女孩就很难得。同时,小吴吸取了教训,表现主动,在这个暑假,她每天都去小田家里,帮着小田的母亲做些家务,陪老人说话,同时主动接近小田,表现得和小田之间一切如旧。

终于有一天,小田和小吴之间发生了男女之事。

我费了好大的劲才听明白这件事。照理,虽然小田语焉不详,但从他难以启齿的表情,我应能明白发生了什么,可我竟没想到他和女朋友之间还从未发生过男女之事。他的样子表明有严重的事态发生,我甚至怀疑到他把女朋友的肚子搞大了,却没想到他只是初尝禁果。当我终于听明白发生了什么时,我不相信地问:

"你是说你们发生了关系?"

"是的。"他低着头。

"这是你们的第一次?"

"是的。"

我这才从小田嘴里得悉,他和小吴谈了六年朋友,其实平常就连拉拉手的事也很少有。尤其他来安师这几年,他和小吴每个周末才见一次,且地点基本都在双方的家里,当着父母的面,就像例行公事。在见面中,彼此间说的话,常常还不如和对方家人说的话多。

那天晚上,小田语调中满含羞愧,一再对我自责道:"自己做出这种事来,是自作自受。"

不过,他把这些话说出来后,我又明显能感觉出他身心上的一种"放下"。我不能不想到小田的女朋友小吴,她真是一个不简单的女性,她在小田向她作出分手表态后的敏捷反应,表明她不仅非常掌握小田的个性,而且对他们之间出现的问题看得很准。她给出的结果,事实上给了小田之前对他们的关系的抱怨,一个直截了当、无可争议的回答。

我联想到我上大学时,我们系里一位同学,因和谈了五年的女朋友断绝关系而招致舆论谴责,似乎还得了个处分。他当时为自己辩解的一个给人印象深刻的理由是,五年间他连女朋友的手都没捏过一下。那个年代这种情况实不少见,在跨进婚姻殿堂这道神圣的门槛前,恋人间常以守住贞操、克制欲望为最大的浪漫和骄傲,当时流行一句美丽的话:

"把最美好的一刻留到最后。"

不过,当年许多人能做到这一点,客观上和住房紧张、公共场所有限且受限制多、物质条件差大有关系。那个年代的人都记得,上海外滩有一段防汛墙,每当夜幕降临,沿墙便肩并肩趴着一对一对面朝黑魆魆的黄浦江水的恋人,宛如一条蜿蜒数公里的长龙，以致那儿成为举世闻名的"情人墙"。

另一方面，由于住房紧张，许多恋人长期结不了婚，五年十年不算长。美好的自我克制久而久之病变为一种心理障碍。

和我那位大学同学相比，小田或许是幸运的，因为，一对没有肌肤接触的恋人，即使谈了很多年，互相的了解其实非常肤浅，在此基础上所谓的分手是不可能有正确的理由的。我的大学同学也许错失了一段美满姻缘，小田则由于女朋友小吴的孤注一掷，抓住了自己的缘分——二十多年后的今天，对这桩个案更无他解。

1980年代的学校校长们还远没有建立起今天这般唯我独尊的权威。在安师，敢于公然挑战校长权威的人，几乎每个教研组都有。至于茶余饭后，三五成群，议论国家大事和学校政务，乃至对校长们评头论足，更是不足为奇。有一位中年教师，曾是外地一所师范学校的教导主任，调到安师头几年，他是教工宿舍楼里最常见的批评家，身边经常围拢一些人，聆听他发表高见，针砭校弊。后来他"官复原职"，从那一天起就变了脸，好比从本方球场的前锋位置直接跑到对方球场上担任了守门员。

这些台上台下的能人，彼此间必然互有牵制。谁也没想到，那些日子，一个高人在安师横空出世。其实，这位姓董的老师在安师是人人眼里的"小人物"，五十多岁，个子矮小，性格懦弱，寡言少语，在安师从未有过任何出彩的表现。但是他仿佛在一夜间发生了脱胎换骨的嬗变。

最早发现董老师的变化是在新学期开学大会后。在那次教职工会议上,校长在回顾和总结上学期工作时,不点名地批评了二年级一名青年教师在处理与女学生的关系上"有失检点"。会议结束后,我们就听说董老师去找校长,当着另外几名副校长的面,直言校长在会上的有关讲话"很不慎重"。董老师态度严肃地对校长说,这件事我要批评你,有关男女关系的问题,特别是涉及师生恋的问题,你不应该只听单方面的汇报,没有核实事实,没有找当事人谈话,就在大会上作不点名的批评。如果你讲的不是事实,等于谣言通过你校长的嘴扩散,造成的损害关系到未成年女孩子的名誉。不点名的批评方式也不高明,这让二年级的青年教师人人自危,互相猜疑。

董老师的意见,也是许多老师在会后议论的,但通常除了当事人,没人会因此去找校长理论。当事人小金自觉无辜,散会后拍拍屁股就走人了。让大家看不懂的是,一向胆小怕事的董老师为这事出头打抱不平。后来,小金经人一再提醒后,终于相信校长在会上批评的"个别青年教师"是指他,他发怒了。校长这时也发现自己轻信了政教处的汇报,不得不在稍后的另一次教职工会议上,作了公开道歉。

但我们发现,对董老师的惊诧,这还只是一个开始。没过几天,一位颇得领导信任的资深班主任遭遇到董老师的发难。当时那位班主任在办公室对青年教师讲授他的"治班"经验,其中讲到一些他如何成功地将学生中的早恋现象解决在萌芽状态的事例。董老师忽然走到他面前,两眼直视他说:

"难道你忘了,学校近几年曝光的几起程度严重的早恋事件,都是发生在你班里的吗?"

那位班主任惊愕得眼珠子都快掉出来了。

关于董老师的这类爆炸性新闻便接二连三地在校园里不胫而走。谁做了错事，说了假话，不管是校领导，还是教师中那些貌似惹不起的厉害角色，只要被董老师抓住，他都会给以毫不留情的批评和揭露。董老师所揭露的，有的是被对方掩盖的事实真相，有的是对方的"历史污点"。由于他不期而至，有备而来，言之凿凿，杀伤力很大，对方往往难以招架。传说董老师有一个黑面本子，里面记载着安师很多骇人听闻的事，但据我分析，这种说法恐怕是出于对董老师笔录式的超人记忆力的惊奇。

由于那些事涉及我过去的同事，我在此不一一细述了。

另一方面，令许多人很无奈的是，他们发现，在董老师身上根本找不到任何明显的污点，在为人最重要的道德品质方面，董老师几十年如一日，干干净净，白璧无瑕。没想到，当他决定成为一名战士时，自身的清白使一个柔弱的人变得无比强大，无懈可击，所向披靡。或者说，在一些人眼里，对手的清白比他的锐利恐怖百倍。一时间，他们对董老师避之唯恐不及。

可以肯定，董老师晚年的变化与那个暑假有直接关系。后来我们了解到，董老师在暑假回了一趟很多年没回的苏北老家，为老父亲奔丧。董老师家庭成分比较高，年轻时逃婚离开了老家，同时也与家庭"决裂"。后来董老师在上海参加了革命工作。从年轻时弃家逃婚的举动看，董老师也曾是一个热血青年，他后来的萎靡状态，恐怕与家庭出身不无关系。那次回老家，董老师面对着老父亲的遗体，又看到两个兄弟贫困潦倒的生活（他的一个年近六十的哥哥仍是单身），老家的这一幕给了他极深的刺激。

或许他一直怀着赎罪的心理，夹着尾巴、忍气吞声地生活，这一刻他觉得没必要了。或许他一直以为自己不幸地背负着家庭的"历史包袱"，这一刻他发现，与老家的兄弟相比，他的承担是微不足道的。失重的状态甚至令董老师觉得自己什么也不是。

陆伟民，上海师大中文系七八级，长我四岁，晚我半年到安亭师范。陆伟民天分极高，才气逼人，若只用一个词来概括他，我觉得只能是"天才"。陆伟民一到安师就搞出很大的动静，这曾令我惊异于在上海师大时竟对他一无所知。陆伟民后来对我说过，他的大学四年是非常压抑的。事实上，在和陆伟民无数次的交谈中我了解到，他从小一直生活在压抑中，小学、中学、农场，都是如此。我还看出，陆伟民和母亲感情颇好，但反感父亲。在他后来的文学批评中，"父亲"经常作为一个对立面的、专制、狭隘、自私的意象出现。陆伟民在安师只待了两年，但轰轰烈烈，他后来自己也说，那两年他在身心方面感觉到前所未有的舒畅。他身上充分表现出的强悍和自信，似乎拥有"世界"。不必说，安师是罩不住他的。

对陆伟民在安师的表现，校长用得最狠的评语是"狂妄自大、无法无天"。的确，在安师，陆伟民经常为常人所不敢为，挑衅学校秩序和校长权威，破坏性极大。

但校长也从不否认，陆伟民不仅敢为常人所不敢为，而且能为常人所不能为。记得好多年前，我曾在自己的一本小说集的后记里说，我从未见过像他这么思维敏捷、激情洋溢、不惧困难、注意力高度集中、工作效率超人的人。陆伟民后来考上华东师大读研究生,毕业后留校任教,那些年他开设的课五花八门,远远超出他所学的中国现代文学专业,他甚至开设了用英语讲授的欧洲文学课程。在写作上,他涉猎更广,在1998年出版的他的思想文化文集里,他论《红楼梦》,论"二十世纪风景",论"晚近历史",论"世纪现象",纵横捭阖,痛快淋漓。他去美国后,在大洋彼岸开始写历史小说,曾用四个月写出一本60万字的长篇大著。这种速度和效率在他身上不是昙花一现,而是一种常态。他总是由一件工作马上进入到另一件工作,或在几件工作之间自如转换,中间不需要停顿和休息。工作是他最好的休息。

陆伟民的这种个性和能力,在安师时就得以充分展示。他写《高加林论》时,他的宿舍里有人聊天,有人放音乐,房门忽开忽闭,他却如处无人之境。他给文学社学生开讲座,文史哲学,古今中外,他讲很多东西,都能讲得令人耳目一新,而且从无讲稿。他讲舒婷、顾城的诗,讲到极致处,满屋子的人都仿佛被提升起来,深受震动。那些课令当年的许多学生终生难忘。

有意思的是,在陆伟民身上体现出了典型的"矛盾统一"。他有一点结巴,但他最能讲,语言有冲击力,天生是一流的演说家。他在安师两年,与众不同的讲课令他拥有众多的崇拜者。他后来在华东师大写的几本重要论著,如《历史文化的全息图像——论〈红楼梦〉》《二十世纪风景》等,都是先在课堂上信马由缰地讲述,课程结束后向女生要来听课笔记,在此基础上写出书来。

在为人处世方面,陆伟民是简单和复杂的"矛盾统一"。他的简单来自性情,复杂源于大脑,这使他在人际关系中容易"上当"，但"觉悟"也快且深。陆伟民具有超强的思维能力，当他开动脑筋时，大脑活动似乎立刻能得到沸腾的血液的助推，这时他变得异乎寻常的偏激而深刻，常能一眼看穿"事物本质"。他的思想最容易被世故圆滑、老成持重的人看作幼稚，但时过境迁，他说过的一些话常被证明颇有远见。正如他对人爱憎分明一样，认识他的人对他没有倾向鲜明的态度也是不可能的。

陆伟民在安师期间，我和他过从甚密。我们俩共同主持文学社，经常在一起聊现代派、聊卡夫卡、加缪；每天下午四点以后一起去球场上活动；在与校方的摩擦中"并肩战斗"。当然我们的个性有明显的差异，在维护个人的独立性方面，我们同样敏感和坚定，但他通常的反应是积极、正面、义无反顾的挑战，我的习性是"画地为牢"，以示距离和界线。概而言之，他是斗士，我更像一名卫士。他拥有斗士的勇猛、狂热和扩张力，不乏牺牲精神；我更具备卫士的防卫意识和隐蔽性，适合固守堡垒。

陆伟民对女人的最高评价是"她非常理解我""她最理解我"。不论是他离开人家还是人家离开他，他解释得最多的理由是，"她不理解我"；如有可能关系复合，他最看重的理由仍是，"她还是理解我的"。毋庸置疑，陆伟民在两性关系上的一个基本着眼点，离不开对自我价值的肯定，在他身上，这加强了他对爱情全心全意地投入，但爱情的稳定性较差。在来安师之前，即在他二十七岁前，他似乎从未谈过恋爱（至少我没听他说起过），自那以后到1998年赴美，十六年间，他轰轰烈烈地谈了对常人来说太多的恋爱。对爱情他始终怀着一颗赤子之心，感情充沛。而且，他不由自主地喜欢并总是能够将他的爱情提升起来，令它与众不同、独一无二、引人瞩目，以致当它破灭后，他自己常常不能理性回归。陆伟民在爱情中的表现，一如情真意切、心无杂念的少年，也如少年般天真幼稚。

陆伟民有过两次失败的婚姻，在这两次婚姻之间，据我所知他先后有过两个正式的女朋友。这四位女子我都见过，她们还都来过嘉定。恋爱中的陆伟民，他的幸福溢于言表，他一定会让他的朋友在第一时间分享到他的快乐，因此每遇爱情，他都会将对方带到嘉定来玩。我知道，很多人看到陆伟民"走马灯的爱情"，以为他是个见异思迁、玩世不恭的花花公子，对女人不负责任。陆伟民有过的女人其实并不多，和他的一些有家室的朋友都不好比，只是别人不声张，"悄悄地进村"，只有他每次都搞得大张旗鼓，以致给人人数上的错觉。且每次他都用情很深，自然一次只能交一个女朋友。此外，我非常了解，也许陆伟民命定孤独和无家可归，他有过的两次婚姻都非常短暂，但是在他的内心始终有一个"家"的情结，他每次恋爱都有明确的婚姻目的，我感觉他是在努力争取。我还清楚地记得1985年他第一次新婚燕尔的情形，搬进新房、过上小日子的他是多么快活，他写信邀请我去做客，在信里极为自豪、兴奋地告诉我，他现在会做些什么菜，厨艺如何了得，拿手的有清蒸鲫鱼、排骨萝卜汤等。

十多年前，他曾在一篇文章里写下这样一段话："我有时想想，上帝的确是很公平的。上帝知道应该把动荡的个性和安稳的个性分别安放在不同的地方，从而让一个流浪，让另一个安家。不过人往往又是很荒唐的，比如我和张旻。我是指，正如我经常羡慕张旻的家一样，张旻总是羡慕我的流浪。人总是想拥有自己所没有的东西，然而最后不得不认命。"

对第一次婚姻的破裂陆伟民确实负有不可推卸的责任，不过后面那两次情变，都绝非出于他的意愿，事情又都发生在对方临近毕业时，以致陆伟民不无自嘲地说："我本人也成了她们的一所学校。"后来他终于有了第二次婚姻，好比他这所学校升格了，可以继续带"博士生"。但随着他远赴美国，那次婚姻也难以为继。

不知在大洋彼岸"流浪"的他是否已"不得不认命"。

陆伟民的失恋与他的新婚燕尔一样，以他本真而强烈的反应牵动着朋友的心，他当时表现出的痛苦、彷徨、不知所措乃至惊慌失措，以及在很长一段时间里对对方的难忘，心理的纠结，真是很不寻常。

1994年，陆伟民意外接到了他的前女友的一个电话，对方的话里有想回上海的意思。陆伟民和那位前女友已有五年不见。也许过了那么久，他本以为已忘了对方，但那个电话在他心里激起了波澜。他立刻给我打来电话告知此事，语气非常兴奋。我听出他对那个电话的理解是，前女友有想回到他身边的意思——当然她没有直说，而只是说"想回上海"。当时我刚好与韩东等人签约广东作协，要去广州，其间有可能会去深圳，陆伟民便希望我代他去看看她。事实上他交给了我一个任务，即了解对方的真实想法。我们那次活动，果然有去深圳的安排，我还和韩东在丁当家住了几天。一天晚上，我约见了小周。大概在1987年，她曾随陆伟民来我家玩过，时隔七八年，彼此变化很大，相互都有点认不出。小周请我在一家颇有特色的海鲜楼吃晚饭，我们边吃边谈，像久别重逢的老朋友，但因为任务在身，我的内心始终有一种别扭。我无权代陆伟民向她表达什么，我也不便为释朋友之疑惑而唐突地向她发问。而也许我当时还不明白，无论如何，对方都不会主动和我谈这个话题的。

那次见面后，我的直觉是，我的朋友恐怕是想多了。但是我在回到上海后给他的电话里，并没有明确地说出我的直觉。这实在是出于不忍和自我怀疑的双重心理。在和陆伟民的交往中，我常会像这样别扭而无奈地迷失在他赤诚可鉴、气势磅礴的表述里。幸好，正如他极容易受伤一样，他的生命的愈合力也不是一般的强。

几年后，我接到了陆伟民的另一个求助电话，他请我务必尽快去一趟他那儿。他在电话里只告诉我，昨晚小徐突然提出和他分手，他一宿未睡，快崩溃了。一个多小时后，我赶到了华东师大五号宿舍楼他的房间，了解了事情的前因后果。小徐是他当时的女朋友，已谈了两年，前一阵子小徐去西安参加毕业实习，走之前还一切正常，回来后却几天不露面。他托女生去叫她，她这才于昨晚过来了，却态度决绝地告诉他要和他分手，没有任何具体理由。然后就在他寝室里整理自己的东西。当时，他被小徐的话和表情惊呆了，甚至吓坏了，不仅完全没有脾气，没有发作，没有拦她，甚至在她整理好东西要走时，还关心地问她："那你身上还有钱吗？"并边说边将自己身上的钱都装在一个信封里要给小徐。那两年，陆伟民的工资一直是和小徐一起开销的，两人虽未结婚但已像一家人，此刻在小徐表明和他断绝关系时他表露的担心，恐怕也完全出乎小徐的意料。小徐自然不会再要他的钱，但他还是趁小徐不注意，将那个信封塞进了她的包里。

那天，陆伟民对我讲了这些情况，我们还一起分析了小徐突然提出和他分手的原因：难道还是那个临近毕业的老问题？对了，当陆伟民问小徐，为什么回来了几天不来见他，她回答，她从西安回来后，想到五号宿舍楼这间房间，忽然感觉到一种窒息和压抑，几天来都是这种心情。这种说法虽然空洞，甚至有些矫情，但对陆伟民来说，比任何有具体指向的理由都要残酷百倍。

中午，我们一起去学校后门外买了些熟菜和啤酒，带回宿舍来边吃边谈。其间，来了一个陆伟民非常欣赏的诗人，我忘了他的名字，显然他也已得到消息，来看望陆，于是他也加入了我们的谈论。饭后，我们在里间喝茶时，听到敲门声，陆伟民去开门。片刻，他一个人回来，手里提了一个包袱，告诉我们是小徐，包袱里是他的一些之前小徐为他洗的衣服等，给他送回来了。我立刻提醒他，你不叫她进来坐一会儿？他愣了一下，然后像得到命令似的立刻跑出去。但小徐已不见踪影。陆伟民回来后打开包袱，在里面发现了什么，脱口而出："有一封信。"取出来看，却不是信，是他昨晚塞在小徐包里的钱。他喃喃道："她还给我了。"我和诗人一时都无语。

1990年代中期的一个艳阳天，安师教师宿舍楼底楼门前的晾衣绳上花花绿绿地挂满了女人的四季服装。底楼是男宿舍，哪个女人会将她的衣服挂在这儿？一问方知，这些衣服是三楼一个年轻女教师的。她一年前因移情别恋，与登记不久、尚未举行婚礼的男友小解（同为安师老师）解除了婚约，小解向她讨还了过去几年给她买的东西（另一说是对方主动提出还给他）。之后，小解去了市区学校工作,他将要回的衣服寄存在底楼小陈的宿舍里。一年后,小陈发现衣服出现霉变现象,打电话告知小解,后者请他帮忙晒一晒。小陈是个热心人,便选了一个阳光灿烂的日子,将所有的衣服都挂了出去,同时也是将小解的旧事从纸箱里翻出曝晒,在安师引起众人的观望和热议。

小解的行为或遭人诟病,或受到同情,其实都是可以理解的。我想到小解,要说的是陆伟民。陆并不是一个宽容的人,尤其在一些原则问题上,在他感到伤害时,他的反应锱铢必较,个性暴烈。他曾为他的师生恋向欲阻止他的校长拍桌子;曾因被记一次"无故缺席",向擅长古汉语、格律诗、书法和乒乓球的老资格的语文组组长发出"全面挑战";曾针对华东师大总务处分配宿舍"不公平",自选宿舍强行搬入。至于他在文章上的好斗,更是圈内皆知。他的坏脾气在婚姻和恋爱中也时有表现。可是偏偏在他遭到失恋打击时,他变得完全没有脾气,柔弱,听话。一个桀骜不驯、不屈不挠的人,在遭遇女人感情打击时却束手无策、智力平平、判断失常,或者说,对于爱人给予他的伤害,他的反应和面对权威的压力时大相径庭,他擅长的快速决绝的反击不见了,他在自己房间里拍桌子摔椅子的情绪发泄也不见了。

对此,我实在想不出,在这个"怜香惜玉"的男人身上,除了认为他对女人有一种"胸怀",还有什么别的解释。

这样的胸怀,或者是他的强大,他的骄傲,或者也是他弱不堪击的"命门"。无怪乎,即使是爱人在日常生活中的"一个冷眼"(他曾对我描述过此类情景),也会对他产生超常的杀伤力。

陆伟民有过很多相交颇深的朋友，如他对待爱情的态度那样，对他认可的友谊，他毫不吝啬赞美之辞。在他去华东师大读研究生和工作期间，我们每次见面，他的话题里一定会包含一位他新交的朋友，评价之高，令我敬慕。不必说，他的朋友也都会从他那里听到我的名字，如对我的小说创作推动最大的南北两家刊物的主编，《上海文学》的周介人和《作家》的宗仁发，最初也是从他那儿了解我的。甚至有一次，我幸遇他的导师钱谷融先生，八十多岁的钱先生竟对我说："我读过你的小说，写得不错。"令我好一阵激动。

另一方面，在陆伟民身边，朋友的更替之快也是不多见的。在经常从他那儿听到新朋友的名字时，我也不时得到他和某某"决裂"的消息。

归根到底，陆伟民对男人有"苛刻"的要求，"爱憎分明"，这和他对待女人的"不忍"不同。

陆伟民后来也写小说，去美国后写得更多了。我读过他在国内时写的部分小说，对他的小说，我有喜欢也有保留，起初我以为是因为他的评论给我的印象太深刻的缘故，后来发现另有原因。陆伟民的评论，不凡的想象和创造力，使它富含"小说性"；而他的小说，强烈的主观性和个人思辨色彩，使它具有评论的质地。在我看来，后者损伤了小说的"小说性"。具体说来，在陆伟民的小说中，他下力最多的总是一个形而上的"我"，这个"我"的特别处，与其说是完美，不如说是孤独而强大。他的小说题材，不论是现实的，还是历史的，不仅都贯穿英雄主义主旋律，而且都带有鲜明的"自传"色彩。"我"经常还是个先知先觉者。不必说，陆伟民表达在小说中的态度，爱憎分明，尤其在现实题材的小说中，"我"和作者本人的对应关系一目了然，即使在历史题材的小说中，主人公形象塑造的"另有所指"也很容易看出来。由此，在我看来，"批评"与"自我批评"，后一项的缺失，是陆伟民的小说的硬伤。陆伟民一向被人骂得最多的是"狂妄""自我膨胀"。其实，彰显的个性和"自我"表现在评论中，不仅不扎眼，还只怕它不够张扬、不够"膨胀"。陆伟民的第一本评论集书名就叫《个性·自我·创造》，惊世骇俗，痛快淋漓，不可多得。但小说的天然质地与突出的"自我表现"难相融。

评论家，应该也包括诗人、散文家，他们身上的专业角色和生活角色绝对可以是一致的，所谓"文如其人"是也。但小说家的专业角色和生活角色一定不可一致，似乎还差别越大越好。

我曾听陆伟民自己讲过，他从小就有很强的压抑感。直到考上大学后，四年间他仍未受到任何老师的青睐。他后来发表于《新文学论丛》的毕业论文《试论宋薇、傅玉洁一类知识女性形象》，开启了他多姿多彩的文学评论生涯，但当初老师给它的评语是"内容空洞"。对自我的不断肯定、表扬和欣赏，发生在像陆伟民这样天赋极高、个性突出的才子身上，首先是一种对于偏见的充满偏激情绪的反抗，它先是发生在内心，长时间积压，最终强悍地诉诸文字，哪管是评论还是小说。

谈到为什么写小说，陆伟民曾毫不讳言地回答："在小说里可以比在评论中得到更为痛快的宣泄。"

前面我曾说过，陆伟民是个既简单又复杂的人。你越接近他、了解他，越会感受到他的单纯和丰富，特别是他的似乎永无止境的变化和进步。

和陆伟民不见已有十三年，不必说，将来再见时，他一定会有许多方面让我看不懂、听不懂。但这没有什么关系。回想过去我们之间的交往，最难忘的还是彼此间经久不渝的友谊。

2005年底，一次我在安亭办事时，和一位在安亭师范念过书的朋友一块去学校看了看。1998年我离开安师时，整个安亭镇还是几十年前的老样子。安师坐落在镇北兰塘村，当时离安亭镇有两公里距离，中间隔着农田。从镇上走出去，远眺田野中这所蔚为大观的院落，令人眼前一亮，在那个环境里，它显得那么气派、宁静，美丽而神秘。安师的校园经过几十年的经营、积累和风雨岁月的打磨，在浓郁的乡村气息中，透露出典雅、古朴、滋润和令人赏心悦目的书卷气。我在安师的前八年，学校的教室是几排砖木结构的平房，回廊连通，花木簇拥，绿水潺潺。其中有几栋建于上世纪50年代初的老房子，式样考究（应是苏式建筑），墙体用的砖质量特别好，内铺木地板，颇具历史文化价值。遗憾的是，在1990年，教学区的这些老房子全部被拆除，在原址建了两幢毫无特色的钢筋水泥新楼。当时为什么要这么做呢？是为了"适应形势发展的需要"，为了"安师的大发展""安师的灿烂明天"。可是仅仅过了八年，安师就为形势所迫被摘牌，寿终正寝了。

此后安师勉强改制为一所中学，并且几易其"主"，最终仍然难逃关闭的命运。

我去看它那年，安亭镇已发生巨大变化，原来环绕安师的田野完全被扩展的街道和住宅覆盖了，安亭有了一个响亮的别名："上海安亭国际汽车城"。那天朋友的车沿着商铺林立的新源路开到安师门前时，我吃惊不小，对七年半来第一次见到的安师有点不相信。其实它并没变什么，但我觉得它显得特别狭小和陈旧。朋友将车开了进去，停在仍然爬满"爬山虎"的实验楼和原来的办公楼之间的小广场上。从这儿，安师的主要建筑物、景色和活动场所一目了然。我们下了车，我掏出随身携带的相机四处拍了一些照片。待了不超过十五分钟，也没去打扰过去的同事，我们便离开了。

　　最近为写书，我从电脑里找出当年拍的这些照片，共有十张。看过它们，我发现了一个情况：我的镜头对准了从那个小广场上能拍到的每一个目标，宿舍楼、食堂、大会堂、篮球场、操场、云松、香樟、草坪、琴房、阶梯教室、实验楼、原来的办公楼等，唯独漏拍了最醒目的那两幢新楼。我可以保证，这不是当时有意为之，但显然也不是偶然的。回顾那次心血来潮的安师行，仿佛一场白日梦，深受下意识的支配。其实，我在安师的后八年，那两幢新楼一直矗立在那儿，但我似乎只记得前八年的那些老房子。不过，虽然那几排令人魂系梦回的砖木房不在了，但安师仍然有我情不自禁要一一拍摄的建筑物，包括那些树木。

2011 年 5 月 19 日

2005年冬，安师，我曾住过的宿舍楼

2010年春，安师，人去园空

2010年春,曾经的安师教工篮球场

2010年春,曾经的安师食堂

2010年春,曾经的安师综合楼

2010年春，曾经的安师会堂

张旻年表

- 1959 年　4 月 24 日出生于上海市第十人民医院。
- 1960 年代初　全家搬到上海近郊嘉定。在此之前父亲已被"下放"到嘉定。
- 1966—1976 年　先后在嘉定工农兵小学（原名普通小学）和城区一中上学。在小学毕业前夕的"一片红"中加入"红小兵"，中学期间未能加入"红卫兵"。最成功的事是成为校乒乓球队队员，但比赛成绩始终在队内四人中垫底。
- 1976 年初至 1977 年底　在嘉定曹王公社"插队落户"。在乡下寒冷的冬夜，曾因尝试写小说而心里热乎乎的。
- 1977 年底　参加"文革"后的首次高考，考入上海师范学院（后改名为上海师范大学）中文系。担任班级古代汉语课代表。其间写的一篇短篇小说，1982 年秋发表于《小说林》。
- 1982 年初　到上海安亭师范学校工作。结识晚半年到安师工作的陆伟民。
- 1984 年　3 月 7 日，在大学同学魏滨海家和中学英语教师杨月琴初次相见，并一见钟情。
- 1985 年初　在杨月琴生日那天和她登记结婚，在嘉定梅园新村有了自己的第一套住房。
- 1986 年秋　参加上海市作家协会"青创班"，其间写的短篇小说《新房间·落水鬼》《远大目标》于次年发表于《上海文学》，并获得《上海文学》优秀作品奖。
- 1989 年　5 月 5 日，儿子出生在嘉定妇保所，给他起名张肖阳。至今保存着儿子出生当日国内出版的多份报纸。
- 1990 年　在《上海文学》发表中篇小说《寻常日子》。
- 1991 年　搬家到张马弄，换得一套两室一厅的新房。
- 1992 年　2 月 3 日，父亲病逝。
  在《收获》《作家》《上海文学》发表中篇小说《往事》《市区人李清泉和我》《不要太感动》。加入上海市作家协会。
- 1993 年　发表中篇小说《抚摸》(《十月》)、《生存的意味》(《作家》)。后者完成于 1989 年 4 月，颇得周介人赏识，本拟在《上海文学》发表，因故被搁置。

- 1994 年　在《钟山》发表中篇小说《情幻》，在《作家》《上海文学》发表短篇小说《枪》《了结三章》。与韩东、余华、东西、陈染等被聘为广东省作家协会合同制专业作家。被冠以"晚生代""新状态""后先锋"等名头。
- 1995—1996 年　发表长篇小说《情戒》(《小说界》)，发表中篇小说 7 部，短篇小说 12 篇，包括《自己的故事》(《花城》)、《我想说爱》(《花城》)、《月光下的错误》(《作家》) 等。加入中国作家协会 (1995)。出版小说集《情幻》(华艺出版社)、《自己的故事》(作家出版社)、《犯戒》(华侨出版社)，以及《情戒》单行本 (上海文艺出版社)。
- 1996 年秋　应张艺谋之邀为他计划中的新电影写剧本，写了两稿后看不到希望，主动退出，其中一稿后以《向红》为标题发表于《山花》。
- 1998 年　离开安师，调到嘉定区文化馆。发表 1 部中篇小说，7 篇短篇小说，包括《冬天不觉得冷》(《时代文学》)、《伤感而又狂欢的日子》(《作家》)、《两个气枪手》(《花城》)、《月牙儿弯弯》(《北京文学》)、《春晚》(《延河》) 等。获《上海文学》优秀作品奖。参加"断裂问卷"。
- 1999 年　出版长篇小说《成长是多么不容易》(上海少儿出版社)，发表中篇小说《求爱者》(《花城》)、《王奇的故事》(《作家》)。
- 2000 年　发表中篇小说《爱情与堕落》(《花城》)、《芳心一片》(《小说界》)，短篇小说《幼儿园老师》(《作家》) 等。出版小说集《爱情与堕落》(断裂丛书，陕西师大出版社)、《我想说爱》(长江文艺出版社)。
- 2001—2003 年　发表中篇小说《良家女子》(《花城》)，短篇小说《魅力》(《作家》)、《林玉梅》(《作家》)、《路过》(《山花》) 等。

　　从张马弄搬家到温宿路，有了独立、宽敞的书房。
- 2004 年　发表长篇小说《桃花园》(《收获》长篇小说专号)，中篇小说《初三》(《作家》)，出版小说集《良家女子》(中国文联出版社)。鲁迅文学院第三期全国中青年作家高级研讨班结业。再次"触电"，写电视连续剧剧本，仍不成功。

- 2006 年　出版长篇小说《桃花园》（北京十月出版社）。担任嘉定区文联副主席（兼职）。
- 2007 年　张肖阳进入新加坡拉萨尔艺术学院学习。
- 2008—2009 年　发表长篇小说《谁在西亭说了算》(《收获》长篇小说专号)，单行本出版时改名为《邓局长》（上海人民出版社）。单行本出版后，上海市作家协会假座陆俨少艺术院召开"张旻作品研讨会"，嘉定区文联协办。
- 2011 年　发表长篇自述体随笔《中国父子》(《作家》)。出版中篇小说集《求爱者》和短篇小说集《伤感而又狂欢的日子》("楚尘文化"，重庆大学出版社）。

　　张肖阳从新加坡拉萨尔艺术学院毕业，考上英国皇家艺术学院（Royal College of Art），成为该学院动画系两年制硕士研究生。
- 2012 年　出版《中国父子》单行本（"楚尘文化"，重庆大学出版社）。
- 2013 年　携妻赴英，参加张肖阳的硕士毕业典礼。此后两年间，张肖阳的毕业作品动画短片《The battle of the poor》多次入选包括萨格勒布国际动画节在内的国外动画节。

　　单位搬到新址，在一间宽敞的、窗外矗立着一道黑墙的工作室，开始创作长篇小说《忧郁城》。
- 2014—　张肖阳进入上海美术电影制片厂。半年后以联合创始人身份加入主营动画制作的上海凡事网络技术有限公司，担任导演和总经理。他导演并参与编剧的 150 集动画短片《大力金刚》，在 2015 年至 2016 年间，获得超过 30 亿次的全网络播放量，并吸引到阿里影业对拍摄这一题材大电影的投资。2018 年张肖阳以合伙人身份，出任上海丰德园文化传媒有限公司总经理。
- 2017—　发表长篇小说《忧郁城》(《作家》2017 年 5 月），出版《忧郁城》单行本（湖南文艺出版社，大风原创，2019 年 2 月）。此作获上海市作家协会签约作家年度作品奖励和上海市作家协会会员年度作品奖励。从研究馆员岗位退休（2019 年 4 月），受聘为上海嘉弘实业有限公司文化顾问。

2019 年 4 月修订

图书在版编目（CIP）数据

中国父子/张旻著.—上海：文汇出版社，2019.7
（新时期嘉定作家群文学丛书）
ISBN 978-7-5496-2893-3

Ⅰ.①中… Ⅱ.①张… Ⅲ.①随笔－中国－当代
Ⅳ.①I267.1

中国版本图书馆 CIP 数据核字（2019）第 127895 号

中国父子

著　　者	张　旻
策　　划	朱耀华
责任编辑	徐曙蕾
特约编辑	甫跃辉
装帧设计	张志全

出版发行　文匯出版社
　　　　　上海市威海路 755 号
　　　　　（邮政编码 200041）

照　　排	南京理工出版信息技术有限公司
印刷装订	上海天地海设计印刷有限公司
版　　次	2019 年 7 月第 1 版
印　　次	2021 年 1 月第 2 次印刷
开　　本	890×1240　1/32
字　　数	190 千
印　　张	8.875
印　　数	3301-4300

ISBN 978-7-5496-2893-3
定　　价　40.00 元